Palabras

para

cada amanecer

Hugh Prather

Palabras

para

cada amanecer

365 propósitos para empezar el día

Palabras para cada amanecer

Publicado originalmente por Conari Press, una división
de Red Wheel/Weiser, York Beach, ME, USA

Título original: *Morning Notes*
Autor: Hugh Prather
Diseño de cubierta: Opalworks
Compaginación: David Anglès

© Hugh Prather, 2005
© traducción, Núria Parés, 2006
© de esta edición, RBA Libros, S.A., 2006
Pérez Galdós, 36 – 08012 Barcelona
www.rbalibros.com
rba-libros@rba.es

Primera edición: octubre 2006

ISBN: 84-7871-801-X
Ref. OALR111
Depósito legal: B. 41.548 - 2006
Impreso por Novagràfik (Montcada i Reixac)

INTRODUCCIÓN

Lo que necesito escuchar

Probablemente te percatarás enseguida de que la mayor parte de este libro está escrito en primera persona. Voy a explicarte por qué.

Durante años me he resistido a varias peticiones para que escribiera un libro de 365 meditaciones, puesto que consideraba que había algunos libros excelentes de este tipo en el mercado, y no creía tener nada más para añadir. Pero hace más o menos un año me di cuenta de que había algunas ideas que me venían a la cabeza cuando me despertaba por la mañana. Los pensamientos que necesitaba se han estabilizado y ahora son como un cómodo abrigo viejo con bolsillos y mangas extralargas que me mantiene siempre abrigado en invierno.

Así que este libro es un poco distinto porque contiene lo que personalmente necesito escuchar una y otra vez. Por este motivo encontraréis alguna reflexión un poco extraña como «Hoy voy a hacer dos cosas: callarme y ocuparme de mis asuntos» o «Cuando me siento feliz, necesito mirar por encima del hombro». Ambas ideas, igual que las demás reflexiones o «palabras matinales» para cada día, se desarrollan en los párrafos que las siguen.

Mi esposa Gayle y yo siempre hemos pensado que cometemos menos errores si empezamos el día con un objetivo espiritual claro. Tenemos montones de hojas de papel llenas con estos propósitos diarios, desde la época en que nos alternábamos para sugerir alguno. Esta actividad del uno hacia el otro, y especialmente el compartir un mismo objetivo, fue extremadamente útil, y todavía seguimos haciendo algo parecido en esta línea. El cambio principal en nuestra trayectoria espiritual durante los casi cuarenta años que llevamos de matrimonio es que hemos destilado gran cantidad de conceptos hasta llegar a establecer algunos, cada uno de ellos lo suficientemente simple como para no poder eludirlo. Todos estos temas aparecen a lo largo de este libro y constituyen una progresión de pasos.

Tal y como digo en una ocasión, «La manera de salir del caos es dejar de analizar y empezar a experimentar, dejar de buscar mejores formas de expresión y empezar a practicar formas más pacíficas e inclusivas de acción». Si piensas en ello, ves que lo único que necesita cualquier persona es la regla de oro y, si se practicara cada día, eso te llevaría hasta donde quisieras llegar. Todavía muchos de nosotros encontramos positivo el hecho de tener diferentes formas para llegar al tema principal, y yo intento proporcionar una rica variedad de conceptos del estilo de «trata a los demás como te gusta que te traten a ti».

He dispuesto el libro de forma que se pueda utilizar de forma secuencial o que se pueda abrir al azar. Cada página es completamente individual.

Creo que lo más importante que debemos recordar cuando hacemos nuestro propósito del día es que existe Uno que siempre está con nosotros. Lo hacemos todo mejor cuando no intentamos hacerlo solos. En lugar de esto, cogemos la mano de Dios, y por encima de todo seguimos el consejo de Dios, que puede ser escuchado por cualquier persona que se detenga un momento y permanezca tranquila. Tanto si este libro te ayuda en tu viaje como si no, de todas formas llegarás a la Casa. Todos llegaremos. Podemos hacerlo más difícil insistiendo en que lo resolveremos todo nosotros mismos, o podemos hacerlo más fácil aceptando Ayuda. El camino fácil es el mejor.

I

Elegir el amor es volver a empezar.

Sin duda, nuestra familia humana está en peligro. Sin embargo, por este motivo está más abierta al cambio. Hoy me encuentro con mucha gente con la renovada determinación de ser una persona mejor —un auténtico padre para sus hijos, un amigo más tolerante para los demás, un trabajador más amable, una pareja más comprometida. Para que suceda, debería decidirme, porque el comportamiento que proviene de pensamientos opuestos no se puede controlar. Adentrarme en una guerra de trincheras contra mi personalidad no funciona. Ni tomar decisiones que puedan aplicarse solamente unos días o semanas. Para conseguirlo, debo centrar mi pensamiento en un objetivo. Y el amor es el único objetivo verdadero, la única unidad real.

2

Sé lo que debo hacer.
La única *cuestión* es si lo haré.

Nunca antes he vivido este día. Tengo la libertad para empezar de nuevo. Mis errores forman parte del pasado. Pueden ser útiles indicadores de mi vergüenza o de mi valor. Los usaré para renovar mi fe y fortalecer mi poder de resolución. Por culpa de mis errores, sé lo que debo hacer. Hoy dejaré atrás las viejas costumbres que han dividido mi mente y han consumido mi fuerza. Llenaré mis pensamientos con la novedad del amor y con la simplicidad de la paz. Hoy me abriré a los demás para que así poder abrir mi corazón a Dios.

3

La respuesta es liberar presión, no añadir más.

Tiendo a convertir los problemas en una montaña. Vamos a hacer una pequeña pausa para ver qué es lo que quiero hacer. Cuando empiezo una guerra en mi mente, lo hago entre Dios y yo, porque convierto este conflicto en lo más importante de mi vida. Cuando intento oponerme a los demás, ganar se convierte en algo mucho más valioso para mí que el Amor. Y cuando intento dictar el curso de los acontecimientos, me siento absolutamente en desacuerdo con la situación en la que estoy metido. Sé que cuando me relajo en la igualdad y confío en una Realidad más grande, la vida es mucho más sencilla y mi comportamiento cambia de forma natural.

4

**Para liberarme de las batallas inútiles,
lo dejo todo en manos de Dios.**

Tarde o temprano, tengo que hacer profesión de fe. La existencia de un Amor continuado no tiene ningún sentido racional. Solamente lo puedo sentir cuando tengo confianza. Mientras espere signos, milagros, realización de sueños o simplemente una ligera mejora en la vida, nunca conoceré la Realidad. Lo divino sólo se puede ver a través de los ojos de la fe. Hoy me comportaré como si creyera profundamente.

5

**Como la verdad es auténtica,
dejarla actuar es todo lo que se puede hacer.**

Todo lo que hago hoy es como un cuestionario. ¿Quiero la pregunta o la respuesta, un conflicto mental o paz, ser justo o feliz, ser una carga para los demás o una bendición, despertarme o seguir durmiendo? Cada decisión que tomo me lleva un paso más cerca o más lejos de Casa. Por lo tanto, es evidente que, como la elección es entre la Verdad y el error, todo lo que tengo que hacer es dudar —y de este modo liberarme— de mi deseo de continuar cometiendo los mismos errores.

6

**En lugar de intentar conseguir el día
que yo quiero, voy a recibir con los brazos
abiertos el día que me han concedido.**

El cambio empieza con la buena voluntad de realizar un pequeño esfuerzo cada día. Como mínimo dejar que Dios sea Dios, que la Verdad sea mi verdad. Traiciono mis creencias cuando fuerzo los acontecimientos y fuerzo a la gente. Naturalmente, si se va a producir algún cambio útil para mí, lo hago. Pero es simplemente una realidad el hecho de que la vida es más positiva cuando escucho la música tras el escenario y no cuando intento modificarla entrometiéndome.

7

Estar en Dios es simplemente estar conectado.

Necesito algo más que libere voluntad, independencia o especialización. Necesito algo más que pensamientos íntimos, un código personal o un espléndido punto de vista. Necesito a los demás. No para sobrevivir, sino para sentirme completamente vivo, para ser un humano completo, para ser afectuoso, divertido, alegre, generoso y feliz. Puedo amar un concepto —puedo estudiarlo, meditar acerca de él y repetírselo a los demás—, pero no puedo rodearlo con los brazos. Y esto es Dios: unos brazos a nuestro alrededor.

8

**Unidad no es cooperación.
Es experimentar lo familiar en el otro.**

Nadie me debe nada. Nadie está obligado a saber lo que yo necesito. La gente es la gente. Ellos no son experiencias sexuales o apoyo profesional o una serie de admiradores en mis vivencias diarias. No son enemigos de mis enemigos o mi grupo de apoyo personal o una manera de pasar el tiempo. La gente no es tampoco un medio para «alcanzar el siguiente nivel». La gente no existe para entregarse a nosotros o para retenerse. La gente *es* nosotros mismos.

9

El único precio del perdón es volver a ser íntegro.

¿No es bastante obvio que cualquier persona que quiere perdonar perdona fácilmente? No debo subestimar mi deseo de continuar juzgando. Pero el problema de las quejas, los resentimientos, los rencores y los sentimientos dolorosos es que yo debo permanecer herido. Debo continuar siendo la prueba viviente de la culpabilidad de otras personas.

10

Cuando veo tu corazón, quiero lo que tú quieres.

«Quiere a tu vecino como a ti mismo» implica algo tan sencillo como que algo menos que el amor no es amor. La regla de oro no es preguntar: «¿Qué *me* gustaría?». La cuestión es qué desea realmente mi hijo, mi amigo, mi pareja, mis padres. El amor no supone las cosas; simplemente abraza, estrecha entre sus brazos y comprende. Si no amamos a los demás, no nos amamos a nosotros mismos. Dios es amor, y en su amor no existen las discriminaciones.

La amabilidad es el pequeño detalle de Dios.

Si Dios es amor, la amabilidad es la clave de la felicidad, la libertad y el verdadero éxito. Y si Dios es uno, es imposible que el amor pueda significar elegir entre yo y otra persona. Soy poco honesto cuando digo que debo ponerme a mí primero. Debo poner al amor primero. Hoy utilizaré la más poderosa y transformadora de las prácticas espirituales: seré amable. Seré amable conmigo, seré amable con cualquier persona que me encuentre y seré amable con cualquier persona de la que me acuerde.

Todo lo que hay a nuestro alrededor es una Presencia acogedora, pero sólo puedo sentirlo si soy amable.

Una apariencia amable puede ocultar una intención maliciosa. Amabilidad no significa sonreír, asentir o hablar suavemente. Tiene que salir del corazón y, si se expresa, siempre lleva consigo un silencio de agradecimiento. Hacerle saber a la gente que está presente en mis oraciones puede resultar atrayente para mi ego por el reconocimiento que busco en ello. En otras ocasiones, decirle a la gente que rezo por ella puede ser una forma de conectar y mostrar apoyo. La amabilidad debe dictar la forma que toman mis esfuerzos. Todo ser vivo se encuentra bajo la bendición permanente de lo divino. Si actuamos como Dios, nos sentimos Dios.

13

Cuando me someto a la verdad, me someto a la inocencia.

Someterse no significa decir «sí» a toda petición del ego o condonar un comportamiento destructivo en mí mismo o en los demás. No tiene nada que ver con la actitud indecisa, con la lealtad poco firme o con «ver las dos partes» cuando un amigo ha sido maltratado. Someterse es un impulso de sinceridad, no un acto de pasividad o un espectáculo de imparcialidad. Significa centrarme claramente en mi yo más profundo en lugar de centrarme en lo más superficial. Mi actitud se llena de Dios cuando mi corazón se llena de Dios.

14

Si me libero, me uno a Dios.

Si me «libero y libero a Dios», *permito* que el Amor esté dentro de mí. Lentamente reconozco y abrazo mi verdadera naturaleza. Liberar el Amor es ampliar el amor, es ser amable, ser rápido en comprender y lento en juzgar. Es relajarse, tranquilizarse, aceptar y, por encima de todo, abandonar la ilusión del control.

El ego siempre depende de algo. A menos que se mantenga consciente, lo expresaré de alguna manera.

Una acción nunca puede excluir el pensamiento de quien la realiza. Mi actitud puede parecer interesante o poco interesante, admirable o criticable, dependiendo de las reacciones de quienes la observan. Pero otra cosa es aceptar que lo que hago no altera mi intención, que es el verdadero contenido de mi actitud. Como todos los pensamientos están relacionados, el efecto más profundo de mis acciones está en lo que pienso. Éste es el motivo por el cual no existen pensamientos íntimos o móviles completamente ocultos. No puedo facilitar siempre la vida a mis seres queridos si no soy consciente de mis pensamientos.

Podemos aceptarnos los unos a los otros y disfrutar de la vida, o juzgarnos los unos a los otros y ser infelices.

La autopreocupación es un estado de la mente infeliz, aunque ofrece algunos placeres temporales, y debe examinarse de un modo totalmente sincero. Por ejemplo, la venganza puede parecer muy satisfactoria durante un momento y los actos de rencor pueden hacer que nos sintamos más seguros. Pero existe otro conjunto de placeres que provienen de la empatía, la tolerancia y la confianza en la actuación de otras personas, que nunca conducen a la miseria. Si realmente existe una Orientación mayor, ¿quién soy yo para juzgar lo que los demás deberían estar haciendo? *Esto* es lo que significa confiar en los demás.

17

La proximidad a Dios se experimenta
con la proximidad a los demás.

Existen tipos de personalidad por los que se siente una aversión universal. También existen personas destructivas, incluso asesinas. Aunque la personalidad no existe, se encuentra en cada uno de nosotros. La experiencia de la comunicación no depende de la forma en que los demás me hablan o se comportan. Si nos podemos sentir unidos a personas que están a miles de kilómetros o incluso a personas que están muertas, sin duda tenemos la posibilidad de estar en paz con los que están físicamente presentes.

18

Una mente amable y tolerante siempre
se siente cerca de Dios.

Bloqueo mi percepción de Unidad poniéndome a la defensiva. Posiblemente es racional temer a alguien físicamente, pero no espiritualmente. Dios no evita que me pueda sentir próximo a cualquier persona —vendedor, adolescente, político, cartero, directivo de empresa, esposa o escritor de libros de autoayuda. Cuando relajo mi mente, mi visión pasa por la superficie de las cosas y allí, esperándome, hay un gran Esplendor.

Convierte tu estado mental en algo
más importante que lo que estás haciendo.

Sólo se puede controlar la mente. La salud, el dinero, las relaciones, la longevidad, la reputación y muchas cosas más, no se pueden controlar. El destino personal es simplemente la historia dictada a mi cuerpo. Ni el más nimio acontecimiento se puede controlar, y cualquier intento por hacerlo siempre divide la mente. Cuando intento controlar lo que creo que está fuera de mi mente, resto fuerza a mis pensamientos y no consigo responsabilizarme de ellos.

20

La paz interior deja de tener razón.

Obviamente, no puedo tener la razón sin hacer que alguien esté equivocado. El perdón es una posibilidad. Si quiero que mi mente salga de un ambiente que me tortura y pase a un ambiente que me haga sentir cómodo, debo perdonar con la misma frecuencia que respiro. El perdón no es agradable para la otra persona; es algo que mejora mi salud mental.

La aceptación es la forma
de bendecirme a mí mismo.

Mi desprecio, rechazo, odio o aversión por otra persona no castiga a esa persona. Me castiga a mí. Yo soy quien tiene la mente resentida. No puedo traspasarle este pequeño trocito de infierno a otra persona. El odio destruye la conciencia de luz que hay en mí y, aunque me aparto del camino para que los demás se den cuenta, ellos no saben que les estoy juzgando.

22

Nuestro corazón es positivo. La elección es
posible si comprobamos cómo traicionamos
nuestro corazón de forma rutinaria.

Si observo una sombra lo suficientemente cerca, puedo ver que simplemente se trata de una sombra. Mis impulsos y mis pensamientos negativos surgen cuando les presto más atención, no menos. Nadie expresa un juicio del que tenga plena conciencia. Nadie toma una decisión deliberada para actuar en contra de sus propios intereses.

23

Si todos estamos en manos de Dios, juzgar a los demás es un acto de arrogancia.

Me engaño a mí mismo si pienso que es posible juzgar. ¿Cómo podría conocer yo una forma más rápida o mejor para transformar el corazón de otra persona que la forma que ha elegido Dios? Juzgar no es un sistema demasiado sutil para buscar pretextos, para aplazar algo de lo que debo responsabilizarme en ese mismo momento. ¿Qué estoy evitando que me hace tener tiempo para juzgar?

24

¿Cómo es posible que el camino de una persona sea superior al camino de otra si Dios nos dirige a todos?

Si creo que mi trayectoria espiritual es superior, entonces mi trayectoria no es espiritual. El Alma es Una. La divinidad no contiene grados o correcciones. Cualquiera de nosotros comparte la misma Verdad y el destino final. De lo contrario, no existe la verdad y entonces estamos perdidos en una realidad de percepción individual e interpretación momentánea. La manera de salir del caos es dejar de analizar y empezar a experimentar, dejar de buscar mejores formas de expresión y empezar a practicar formas más pacíficas e inclusivas de acción.

25

Todos los pensamientos están separados de la mente.

Fijémonos en lo difícil que es pensar en paz en *cualquier* individuo que nos pase por la cabeza. Aun así, éste debe ser mi objetivo si alguna vez quiero experimentar una integridad mental firme. Mi tendencia es la de repudiar las partes negativas de mi mente porque no es agradable admitir lo que dicen sobre mí. Aunque pienso lo que pienso por elección mía. Todo esto está en mi mente. Mi motivación para aprender a reaccionar pacíficamente ante los que pueblan mis pensamientos debería de ser enorme —una vez valorados los efectos que mis actitudes tienen en mí.

26

Te libero del pasado, así te veré como Dios te ve.

A menudo, en las conversaciones, se habla de los errores de aquellos que no están presentes. Incluso los individuos que están ante nosotros son considerados como historias y no como lo que son en ese mismo momento. De manera desleal pensamos: «Estás creado a imagen y semejanza de tu pasado». Aunque no es mentalmente deshonrado dejar de fijarse en lo nuevo, diferente e inesperado. El encuentro que tiene lugar ahora no había ocurrido antes. Excepto a nivel espiritual, nadie es siempre el mismo, y su progreso será evidente si sólo me fijo en las conclusiones que ya me había hecho acerca de las demás personas.

27

Todos viajamos por un sendero de errores.

Cuando miro hacia atrás, no puedo hacer una interpretación firme de los actos que resultaron victorias y los que resultaron derrotas. He podido considerar las mismas experiencias de la infancia como traumáticas y como positivas. En resumen, muchos triunfos importantes han llegado justo después de mis más grandes errores. El progreso es el proceso de corregir los errores, no de ser perfecto. Hoy haré que empezar de nuevo sea más importante que mirar hacia atrás. Los que no cometen errores ya han llegado. Aunque en realidad desconozco los errores que una persona ha de cometer. Por lo tanto, no estoy en posición de servir de «ayuda».

28

La auténtica ayuda proviene de la comunicación, no de las palabras.

Las meras palabras no ayudan. Cuando Dios habla en nuestros corazones vemos o escuchamos palabras que nos ayudan de verdad. Ésta es la razón por la que los pasajes familiares de la Sagrada Escritura a menudo significan algo nuevo cada vez que los leemos. Y es el motivo por el cual nunca me ha funcionado el hecho de decidir lo que alguien necesita escuchar. Si quiero servir de ayuda hoy, debo concentrarme en mi fuerza de comunicación con los demás, porque Dios es escuchado en la experiencia del amor.

29

Confiar en una Realidad
mejor facilita las relaciones.

Cuando juzgo a los demás, estoy cuestionando la inocencia que Dios ha puesto en ellos. Si reconozco mi error, debo ponerlo inmediatamente en manos de Dios. Hoy voy a reconocer que realmente no conozco los esfuerzos que hace la gente, hasta dónde han llegado o de qué manera Dios está transformándolos en este mismo instante. La comparación es lo contrario de la relación. El camino hacia Casa es una carrera en la que yo no compito. Para afirmar que estoy por delante o por detrás de otra persona, primero debo romper con la paz de la Unidad.

30

Solamente el amor puede distinguir el puente
que se extiende entre dos corazones. Con amor
se puede ver, y con amor se puede cruzar.

Lo que hace otra persona no tiene un significado determinado. Yo interpreto su comportamiento como a mí me parece. ¿Qué es lo que quiero que signifique? Percibo a los demás a través de mi mal humor o de mi paz interior. La tranquilidad ve la unidad; el mal humor ve el caos. No luches contra los pensamientos; cambia su origen. Como soy responsable de la parte de mi mente que utilizo, hoy voy a volver a mi parte de mente tranquila.

31

Atrévete a ser ordinario.

Dios es Uno. Experimento a Dios experimentando la igualdad: la igualdad en otra persona y la divinidad en todos los seres vivos. Hoy me atreveré a dar la espalda a los fuertes impulsos que deberíamos procurar que fueran los mejores. En lugar de esto, voy a abrazar mi normalidad. Voy a ser normal e igual. No tendré ninguna postura «espiritual», no explicaré historias «espirituales» para hacerme subir el ego, no tendré pensamientos «espirituales» divisorios. Yo no me creé a mí mismo, y hoy me voy a relajar en el interior de la persona que soy.

32

Dios conoce el camino de mi corazón.

Dios no estará más cerca simplemente por pensar en Dios. Dios no puede estar más cerca. La fuerza de Dios es nuestra fuerza. La vida de Dios es nuestra vida. La felicidad de Dios es nuestra felicidad. Todos estamos hechos de Dios. Incluso ahora, Dios infunde en nuestro interior nuestros propósitos, nuestra motivación, nuestra satisfacción.

33

El desánimo no ayuda.

El desánimo es el amor del ego porque se dirige al ego para encontrar su sentido de la realidad. El alma no puede confirmar a las «almas deprimidas». El desánimo nunca es necesario. Y no resulta demasiado divertido. Pero la respuesta no es luchar contra él. Si lucho contra él, me convierto en una víctima de mi pensamiento, lo cual es imposible. Cuando esté desanimado, no importa si es mucho o poco, voy a detenerme para buscar algún punto que tenga intacto en mi interior. Dejaré que mi mente se dirija hacia ese punto. Entonces, empezaré de nuevo haciendo algo sin desánimo.

34

Sea cual sea mi motivo de preocupación, no merece la pena preocuparme.

Tranquilidad, ninguna preocupación, conocer mi mayor potencial. Si deseo tener un profundo sentimiento de libertad, estar acorde con mi intuición y recordar la belleza de los que tengo a mi alrededor, preocuparme no sirve de nada. Hoy me voy a enfrentar a mi ego cada vez que me surja una preocupación. Le preguntaré: «¿Qué me sugieres que debo hacer?». De esta forma me doy cuenta de que el objetivo de la parte preocupada de mi mente no es el de mejorar el futuro. El objetivo de la preocupación siempre es el de alterar el presente subestimando la comunicación y la paz, que solamente se puede experimentar ahora.

35

No existen preguntas en Dios.

Hoy es el día en que dejo de pelearme conmigo mismo acerca de si lo divino es lógico o de si la Verdad es auténtica. Cuestionar si es razonable el hecho de ser amable, creer en una Realidad superior o actuar desde la fe, representa simplemente mi deseo de posponer esta práctica hoy. Porque solamente la práctica comporta comprensión. Es arrogante pensar que de alguna manera *necesito* mi «honestidad intelectual», mi sabiduría y mis más profundas cuestiones. ¿Qué tiene que ver la duda con el Amor? Hoy mi objetivo será dejar que todas las preguntas se disuelvan en la tranquilidad de mi corazón y la amabilidad de mis acciones.

36

Introducir luz en la oscuridad soluciona el problema de la oscuridad.

Mis pensamientos constituyen la felicidad o la desgracia en la que vivo. Cuando lucho contra mis pensamientos, divido mi mente y me introduzco en una lucha contra las realidades cambiantes. No obstante, puedo poner sin miedo todos mis pensamientos conflictivos en su lugar simplemente añadiendo a Dios en ellos. No importa lo fuerte que sea mi ego, no puede ahogar la confianza tranquilizadora de Dios. Hoy, todo lo que debo hacer es preocuparme en paz, desanimarme en paz, estar confuso en paz, etc. Siempre hay música tras la discordia, si quiero escucharla.

37

El miedo es mi responsabilidad porque significa que estoy en conflicto.

Somos como niños señalando y chillando ante una sombra, mientras un padre amable está a nuestro lado ofreciéndonos consuelo y seguridad. Dios nos muestra el lugar en el que somos invulnerables y podemos estar completamente en paz. Si soy reticente a moverme en esa dirección, la paz de Dios no me obliga a decidirme en contra de mis deseos, aunque estas opciones, no importa si las sigo tímida o irregularmente, siempre me perjudiquen. Hoy, cuando me dé cuenta de que estoy asustado, examinaré los propósitos conflictivos de mi mente.

38

Los sistemas que utilizo para cambiar mi estado mental se convierten en mi nuevo estado mental.

No puedo obligar a mi mente a ser íntegra, porque la obligación en sí es mental. La presión en cualquier forma comporta una guerra. Cuando una parte de mi mente intenta obligar a la otra a cambiar, el resultado es un malestar mental. No obstante, si concentro toda mi atención en la integridad, mi mente deviene íntegra. Cuando la tranquilidad y la paz son los sistemas, la tranquilidad y la paz son el resultado.

Un único pensamiento de agradecimiento
me recrea en su imagen.

Tengo la intención de rezar por los demás, pero a menudo me olvido o lo hago con poco entusiasmo. Quizás esto pasa porque los regalos sinceros de una mente que ama son ofrecidos sin hacer ningún cálculo, y la auténtica naturaleza de las oraciones es anónima. Pero esto no queda sin efecto en la persona que reza. A medida que avance el día, intentaré percibir cualquier imagen perjudicada que tenga de alguien que vea o que me pase por la cabeza, y voy a corregirla inmediatamente.

40

La conciencia desarma mi ego.

Nuestra mente atareada y en conflicto nunca perdona, ya que sólo la paz puede ver la inocencia. Siempre que recurro a mi ego, todas las viejas historias continúan allí. No hay forma de mejorarlo, pero sí que puedo desarmarlo. Cuando observo atentamente mis juicios, cuando «miro a la bestia a los ojos», empiezo a darme cuenta de que esos no son mis sentimientos más profundos. Pero debo continuar con ese proceso hasta que pueda percibir un lado distinto en mí y no endulzar simplemente los contenidos de mi mente con palabras amables.

Mi mente es un don. Su naturaleza es pura.

No se produce ninguna tensión simplemente por ser quien soy. Liberarse y tranquilizarse es lo mismo. Debo trabajar duro para conseguir ser diferente a la criatura que Dios creó. La tensión es un punto clave que está reñido con mi función y con mi destino. Por lo tanto, me adaptaré al día a medida que vaya avanzando. No hay nada que calcular ni ninguna publicidad que me deba hacer a mí mismo acerca de quién soy. Hay Uno que sabe quién soy y nunca olvida. Quedo relevado de esta tarea.

42

Observa detenidamente el plan que tu ego tiene para ti y no podrás hacer más que reír.

El perdón no es un estado de la mente en el que no se den pensamientos de juicio sobre mí mismo o sobre los demás, sino que éstos se muestran como absolutas tonterías. Yo sé cuándo llego al punto en que, aunque soy plenamente consciente de los pensamientos, no me hacen sentir más angustiado ni me atormentan. De hecho, si mi trabajo de perdón ha sido meticuloso, los pensamientos imperdonables son considerados risibles y absurdos.

43

Disfrutar de la culpabilidad
es permitirse excesos.

Permitirse pensamientos de culpabilidad, remordimientos y arrepentimiento parece virtuoso, como un acto de humildad y honestidad. Pero en realidad es el fracaso de responsabilizarme de mis acciones pasadas, porque todavía se trata de *mí*. Estos pensamientos no ayudan a las personas a las que he perjudicado. Tengo que dejar a un lado mi autoataque y dar la bendición que hasta ahora he negado. Es mejor hacerlo en silencio, ya que las consecuencias de corregir son impredecibles. La decisión de bendecir proviene del interior e incluye la intuición para actuar o dejar de hacerlo.

44

El ataque es el problema, no la respuesta.

Estoy cometiendo el mismo error de una forma diferente cuando me permito la deshonra, la culpabilidad o el autoodio —primero perjudico a una persona; ahora me estoy perjudicando a mí mismo. La justificación del ataque no depende del objeto del ataque. El ataque, en cualquiera de sus formas, dificulta la experiencia de la paz.

45

No me puedo traicionar a mí mismo «amando demasiado»

¿Qué puedo perder buscando la paz de otra persona, convirtiendo literalmente la paz de otra persona en mi único objetivo? Sin duda, puedo salir perdiendo destruyendo la paz de otra persona; de hecho, la pérdida será el único resultado fidedigno. Y también puedo salir perdiendo amando demasiado poco y, por lo tanto, volviéndome más pequeño. Pero «amar demasiado» es simplemente ser mi yo, ser mi propio corazón, ser mi auténtica y más profunda naturaleza, que es lo que siempre quise ser. El auténtico amor no es «equilibrado» y no se puede medir ni cuantificar.

46

El amor es una anticipación del cielo.

El amor no es simplemente nuestro camino sin temor, es nuestro destino y nuestra satisfacción. En palabras del apóstol Juan: «Amémonos unos a otros, porque el amor es de Dios. Y todos aquéllos que aman han nacido de Dios y conocen a Dios. Pero los que no aman no saben nada de Dios, porque Dios es amor».

El carcelero también está en la cárcel.

La libertad se encuentra en las pequeñas cosas: en las obligaciones, las tareas y los pequeños encuentros. Hoy practicaré la libertad siendo consciente de la situación en la que me encuentro, de las personas que están presentes y de la calidad de mis pensamientos. No voy a forzar mis pensamientos, sino que seré consciente del estrato de sentencias de mi mente, que tienden a centrarse concretamente en quién o en qué necesita cambiar. Al querer controlar, quedo automáticamente controlado. En lugar de esto, voy a *ampliar* la libertad sin ejercer presión a los demás y sin intentar dominar los acontecimientos. Voy a hacer lo que hago con flexibilidad, soltura y constancia, con la conciencia tranquila.

48

Si no necesito nada de ti, puedo pensar en ti en paz.

Desde el momento en que quiero algo de otra persona, mi felicidad queda comprometida. Cada vez que intento influir sobre alguien, me coloco en situación de víctima, porque es imposible conseguir una cooperación perfecta de nadie. Hoy observaré cómo sobrevivo bastante bien sin que se cumplan todas mis expectativas o sin que se obedezcan todas mis demandas. De hecho, al liberarme, me quedo con la paz que ya tengo.

49

**A todas horas me concentro en el futuro,
padezco por perder una hora de vida.**

Sin duda, pensar de forma obsesiva en el futuro o en el pasado es evitar vivir el presente. El presente puede causar temor porque a menudo va asociado al dolor físico o emocional. El dolor puede ser un recurso para hacer que uno regrese al presente, pero no es el único. La tranquilidad también se centra en eso ahora, pero en un ahora completamente diferente. El ahora tranquilo es muy amplio y fiable. No hay en él ningún tipo de horror, ni interrupciones intermitentes, ni principios abruptos. Preciosos brillos desde todos los puntos de vista, y la paz como regalo tanto para dar como para recibir.

50

**Los progresos más grandes
provienen de quedarse quieto.**

La paradoja del progreso es que crecemos cada vez que nos damos cuenta de que solamente podemos estar donde estamos. Puedo crecer en felicidad, integridad, generosidad y en fuerza interior cuando estoy mentalmente más tranquilo, más pacífico y, por encima de todo, más presente.

51

Ofreceré paz con mis pensamientos y no causaré ningún daño con mis palabras.

Nos introducimos en la conciencia de mucha gente durante el curso del día. En este encuentro se produce un pequeño intercambio, y dejamos algo atrás. Este rastro que dejamos, y no nuestros logros personales, es nuestro legado al mundo. Al final de mi vida, ¿qué senderos me gustaría ver tras de mí?

52

Si Dios me cuida, ¿por qué sigo esperando?

A medida que me hago mayor, soy capaz de hacer cada vez menos cosas, aunque mi mente no parece envejecer. Sí, las funciones del cerebro como la memoria y la habilidad de cálculo se han deteriorado un poco, pero el «yo» que soy continúa siendo el mismo. Está claro que mi auténtica seguridad la encuentro al comprobar que, tanto si estoy físicamente paralizado, como compulsivamente hiperactivo o en algún punto intermedio, todavía soy tal como Dios me creó. Por lo tanto, puedo afirmar: «Hoy no voy a esperar nada, porque Dios me cuida».

53

Mi mente es como una mano que se puede abrir o cerrar. La elección es mía.

Si soy capaz de controlar mi mente, también soy capaz de descontrolarla. Soy libre de desear y conseguir, tener y perder, preocuparme y rechazar, lo cual requiere limitar mi mente. Una mente relajada no puede mantener un enfoque negativo o crítico. Hoy percibiré cada vez que mi mente controle, ya que, si la divinidad es real, no hay ningún lugar donde necesite ir ni nada más que deba tener.

54

La luz de Dios brilla en todas direcciones.

Para cicatrizar las heridas del pasado, salta hacia atrás a través de los rayos de Dios, que brillan en cada paso que das. Siempre han estado allí, aunque tú eligieras cerrar los ojos. Después salta de regreso a tu presente. Pero deja la puerta abierta a estas sombras brillantes y a los recuerdos curativos.

55

Dondequiera que voy, Dios ya está allí.

Desde tu corazón, el Río de Dios fluye suavemente hacia el futuro. Sumerge todas tus tímidas esperanzas en las tranquilas y silenciosas aguas de la bendición divina. Entonces observa cómo el Río limpia cada expectativa, ahora chispeante de alegría, en la orilla de tu mañana.

Evaluar repetidamente las acciones del pasado no te deja concentrar en lo que se puede hacer ahora.

Hoy, cada vez que sienta una ligera punzada de derrota o de decepción, me tranquilizaré y recordaré que Dios no se equivoca amándome. Sentiré este amor en un lugar profundo de mi interior, y observaré como si toda la pena y la angustia se reemplazara por una fuerte determinación para hacer lo mejor que puedo en este momento.

«Confía en ti mismo» y «Confía en Dios» no son ideales opuestos. Debo confiar en lo que soy, pero lo que yo soy nunca está solo.

Es imposible elegir sin crear un conflicto entre ser desinteresado o ser egoísta. La primera opción me hace sentir autonegligente, y la segunda me hace sentir autoindulgente. «Sacrificarme» por los demás me crea resentimiento, y esto puede conducirme hasta el odio, aunque sea por desatender sus necesidades, el aislamiento y una profunda soledad. Pero la elección entre las dos actitudes es siempre falsa porque Dios es igualmente amor y paz. El amor de Dios nos bendice a todos y a cada uno por igual, y elegir a Dios es elegir la paz. Cuando me pregunto: «¿Qué es lo más pacífico que se puede hacer?», la respuesta es lo que *quiero* hacer, y esto es agradable para todos.

58

Hoy lo veré todo a través de los ojos del Amor.

Me han invitado a una gran boda. Me piden que abrace la Vida dondequiera que mire. La visión de la Vida ve los hilos de la inocencia tejidos por entre toda la gente y todas las cosas, como un rayo de luz que cae sobre un tesoro escondido durante mucho tiempo en la oscuridad. Como soy real, y como la Vida es real, debo ser una parte de la Vida, y ella parte de mí. Existe un lugar tan inocente y tranquilo en mí que todos los temores han desaparecido. Tal como la nieve unifica un paisaje y la luz de la luna lo transforma, hoy mi vista surgirá de este lugar y cubrirá el mundo de paz.

59

Cuando amplío lo que soy, aumento mi felicidad.

Las personas amables siempre son más felices que las personas malas. Ampliar y aumentar el amor que hay en mi corazón crea en mí una visión inocente. Esto no reforma otros egos, pero ve más allá de ellos. Esta visión no es una mera iluminación, como el brillo de una luz en un montón de basura. La visión espiritual es la realidad espiritual. Lo que se ve con amor corresponde a lo que es visto. Nada tiene más cuerpo y presencia que una percepción precisa. La percepción del ego es arbitraria e inestable, pero mirar amablemente es empezar a ver el cielo en la mano.

60

Benditos son los que lo intentan otra vez.

Intentarlo otra vez es un acto de fe, no con resultados previsibles, sino con bendiciones previsibles. Llega un momento en la vida en que nos damos cuenta de que las cosas no son como nosotros creíamos que serían cuando éramos jóvenes. Nos da miedo tener esperanzas, nos da miedo volverlo a intentar. Concretamente, tendemos a ser cínicos a la hora de hacer nuevas amistades o de buscar una posible pareja. Entonces se abre la posibilidad de una nueva relación, o se reconoce la posibilidad de una relación vieja, ya que Dios nunca deja de ofrecer oportunidades. Naturalmente, una parte de nosotros es escéptica y se retiene. Creemos que protegernos a nosotros mismos es más importante que amar a otra persona. Pero nada es más importante que el amor.

61

«Estoy completamente en paz con tu forma de actuar».

Me digo a mí mismo que la gente que conozco está en las manos de Dios, ¿pero realmente lo creo? Porque si Dios nos ama a todos igual y nos guía de manera imparcial, ¿por qué sigo esperando que la gente se comporte de manera diferente? Hoy, cada vez que me encuentre con un comportamiento que no puedo aprobar, me repetiré en silencio: «Como Dios es real, estoy completamente en paz con tu forma de actuar».

62

Aquél al que me siento superior forma parte de mí.

Obviamente algunas cosas, ya sea un tipo de personas, perros, condiciones meteorológicas o insectos, son más destructivas que otras. Aunque en lo que al corazón se refiere, ninguna persona *es* menos espiritual que otra. Resulta imposible ser inteligente y saberlo. La explicación es la conciencia de unidad, de la cual no hay un símbolo lógico en el mundo. Los monstruos de la historia carecían de conciencia de unidad, y mis peores momentos han tenido lugar cuando los he perdido de vista. Hoy mi objetivo es estar alerta de mis sentimientos de superioridad y corregir todos los pensamientos que cualquier atributo personal pueda destacarme de entre lo que es real y perdurable en los demás.

63

Hoy voy a hacer dos cosas: callarme y ocuparme de mis asuntos.

El noventa por ciento de los problemas de mis relaciones se podrían resolver prácticamente de la noche a la mañana si aprendiera a callarme. Lo que pasa es que nunca sé cuándo alguien necesita escuchar lo que tengo que decir. Pero cuando pienso que lo sé, no estoy escuchando la parte de mi interior que debería escuchar.

64

¿Es posible que algún plan de Dios se vea frustrado?

El pastor devuelve todos los corderos al redil; el padre recibe con alegría incluso al hijo pródigo que ha «pecado contra el cielo». Yo no seré arrogante y pensaré que soy el único problema más allá de la capacidad de Dios, que soy la única persona que puede frustrar la voluntad de Dios. A medida que avance el día, me mostraré «humilde ante el Señor».

65

Hoy recordaré a Dios.

Nos han dicho que Dios es amor. Nos han dicho que Dios siempre está con nosotros. Nos han dicho que incluso si hacemos nuestro estrado en el abismo, Dios está allí. Nos han dicho que hemos recibido la paz de Dios y que la tenemos que guardar. Nos han dicho que el mayor placer de Dios es el de ofrecernos el Reino. Debe haber un sitio para la confianza excesiva, pero sin duda no hay un lugar para la confusión.

66

La fe es la voluntad de quedarme
en los brazos que ya me están abrazando.

El *bullying* es normalmente lo que impera en el patio de recreo, la crueldad a menudo sube por la escalera colectiva más rápidamente, los políticos están dispuestos a mentir repetidamente para ganar las elecciones, y las personas malas normalmente viven más tiempo que las buenas. La bondad pocas veces se ve recompensada en el mundo. Pero la bondad *es* recompensada. Y la recompensa es inmediata, porque sólo los que se comprometen a ser buenos experimentan la paz, que sobrepasa el mundo.

67

La fe no se puede redirigir.

La fe auténtica y positiva no depende de nada que yo espere que pase a juzgar desde mis experiencias pasadas. ¡Los acontecimientos de mi vida no inspiran exactamente fe! Aunque siempre veo lo que elijo ver. Tengo una fe aceptable cuando la ofrezco. Esto lo puedo hacer conociendo exactamente hasta qué punto puedo confiar en los demás. La auténtica fe lleva consigo un estado de alegría, un estado de bienestar, un estado de Familia —suponiendo que no dirijo mi vida para encontrar «bendiciones» individuales. Yo no soy especial, y este reconocimiento, visto honestamente, es el fundamento de una nueva fe.

68

La fe es la voluntad de quedarse en el presente.

La fe no es un razonamiento o una demostración. No requiere resultados posteriores ni validación lógica. Tampoco es el resultado de símbolos y milagros. Se experimenta instantáneamente cuando llega, y deja el bienestar en tu interior. Cuando la fe nos ha entregado a la paz de Dios, ya no la necesitamos.

69

El camino de Casa es mejor que yo.

Hoy seré consciente de todas las conclusiones personales en las que caiga y de todas las predisposiciones con las que me tropiece. Puedo caminar firmemente por el camino de la Unidad, o puedo tener razón. Pero hay que tener en cuenta que lo que yo pienso en un momento determinado queda rápidamente descartado por una opinión diferente, causando así otro cambio de dirección. Para avanzar firmemente, debo pensar con humildad, y reconocer una Sabiduría muy superior a la mía.

Mis valiosas opiniones no hacen feliz a nadie, incluyéndome a mí mismo.

La integridad es una condición general de la mente que no se encuentra en un conjunto cerrado de creencias. El estrato de sentencias de mi mente es incapaz de conseguir la integridad porque las palabras son simples símbolos, y difieren en cada persona. Cuando los amigos, parejas o miembros de una familia se centran en las palabras más que en la intención del corazón de cada uno de ellos, se sienten mucho más separados. Pero cuando los deseos del corazón de cada persona se toman en consideración, el resultado es un sentido cada vez más amplio de intimidad y de felicidad.

71

La felicidad es paz, no comparación.

No hay temor más grande que el miedo a ser feliz, porque la felicidad amenaza la autonomía de nuestro ego. Para ser felices debemos abandonar nuestras opiniones desfavorables acerca de los demás. Si las personas que forman parte de nuestra vida fueran profundamente inocentes, pensaríamos que esto dice poco a favor nuestro, ya que creemos que somos únicamente una comparación. Hoy recordaré que en el Amor no hay clasificaciones, ni distinciones, ni jerarquías.

Dios me mantiene iluminado.

Hoy seré la luz de las estrellas y un aire fresco y una profunda oscuridad. Seré lluvia de primavera y campos de hierba fresca. Seré carcajadas de risa en el parque y arena fina de la playa. Seré un susurro y una caricia y un silbido en una pelota lanzada con fuerza. Seré paz en el corazón, silencio en la mente, y amor brillando en los ojos. Seré todo lo que alcanza las cosas por igual y no deja ningún alma indiferente. Y me reiré ante la idea de que debo ser diferente a cualquier otra persona.

73

Dios es paz.

Cuando te sientes arrastrado y no experimentas ninguna duda en lo que haces. Cuando no sientes necesidad de interpretar toda distinción y todo detalle. Cuando puedes pensar amablemente en los que te rodean. Y cuando el tiempo y tu cuerpo ya no son una preocupación. Entonces no tienes necesidad de preguntarle a Dios que te proporcione una información especial y una orientación personalizada. Por lo tanto, mi objetivo es avanzar a lo largo del día simplemente en paz, porque Dios *es* paz.

74

La elección siempre está entre mi mente tranquila y mi mente ocupada.

Siempre que sea posible, convertiré mis momentos de preguntas en momentos de silencio, escuchando y observando. Hoy mi función consiste en pasear tranquilamente por mi incredulidad y mi confusión. Me detendré para observar y reaccionar ante mi agitado ego y haré que mi objetivo y mi preocupación sean un pacífico flujo de pensamientos.

75

La respuesta a la oración no es dejarlo para más tarde.

Un futuro sería necesario solamente si me dijera qué es lo que me falta en el presente. ¿Pero qué puede faltarle a Dios? Nuestro camino espiritual es el cambio de un sueño de necesidades a una conciencia de integridad. Hoy cambiaré mis deseos para el presente por mis deseos para el futuro preguntándome: «¿Cómo puedo sentir mi relación con Dios en este momento?».

La resistencia a la tranquilidad
es la atracción por el conflicto.

Las cosas se ponen en su sitio más fácilmente cuando no estoy en conflicto con lo que estoy haciendo. No obstante, tiendo a actuar sin tener en cuenta el conflicto. Intentar ser superior al conflicto sumergiéndome en otra actividad o repitiéndome frases amables a mí mismo, no funciona, puesto que no es honesto. Como el conflicto no forma parte de la Verdad, puede ser completamente reconocido, y después disimuladamente evitado. Todo lo que necesito es hacer una pausa y ver qué quiero hacer. La resistencia que siento al dar este paso es mi deseo de permanecer inconsciente y confundido, es decir, ser una víctima.

77

Mis percepciones reflejan su origen.

Como lo divino está en todo nuestro alrededor, podemos entregar nuestras percepciones a Dios y compartir las imágenes curativas y las consideraciones pacíficas, aunque la imagen que tengamos delante pueda parecernos un poco inhóspita. No hay límite en el número de pensamientos que podemos tener que reflejen Amor, ni el mundo puede permanecer indiferente ante una agradable efusión mental.

78

Dios me creó íntegro y Dios es eterno.

¿Qué es lo que necesito de otro ego que ya no me haya ofrecido Dios? ¿Hay algún vacío en la Eternidad? ¿Hay paréntesis en la Verdad? Si soy incompleto, mi Origen no puede ser completo. Ser uno con otro, incluso durante un instante, es tenerlo todo, ya que Dios es Uno.

79

**Ser tolerante es más saludable
que separarse o controlar.**

La curación verdadera incluye el reconocimiento de que nunca sufrimos solos. Sin embargo, curarnos a nosotros mismos es un acto de generosidad, no de autoindulgencia. Cada grado de progreso espiritual es alimentado por una conciencia cada vez mayor de nuestro efecto sobre los demás. Hoy seré consciente de la relación, porque allí se encuentra el verdadero bienestar.

80

Trata a tu cuerpo tal como tratarías
a tu mascota preferida.

Muchos de nosotros tenemos un sentido más equilibrado de cómo identificarnos con un perro en vez de con nuestro cuerpo. Amamos a nuestro perro hoy, pero no podemos amar a nuestro cuerpo porque esperamos que sea diferente. Libre de la ira que proviene de esperanzas poco razonables, le damos de comer a nuestro perro una dieta simple pero buena. Lo sacamos a pasear, lo bañamos y lo cogemos para hacerle fotos. Lo mantenemos alejado de las situaciones peligrosas y amablemente rehusamos darle todo lo que cree que quiere. No existe ningún problema en esta relación porque no hay ni faltas ni batallas para conseguir la perfección. Un buen enfoque de la cuestión acerca de la dieta, el ejercicio, el sueño, etc., es preguntarse: «Si mi cuerpo fuera mi mascota preferida, ¿qué haría yo?».

81

Sin perdón, vivo en un mundo hostil.

El problema no es «la necesidad de perdonar» a nuestro padre, madre, pareja, ex pareja, profesor o jefe del trabajo. El problema es no perdonarse a uno mismo. Desde el momento en que cuestiono la necesidad de juzgar y dejar de reservarme el derecho de tener la razón, estoy solo en el mundo. Nadie es totalmente bienvenido en mi mente, ni cuenta con un lugar de confianza en mi corazón.

82

Tu bienestar es el mío.

Hoy mi promesa silenciosa a mis seres queridos es ésta: quiero sentirme libre de toda inseguridad cuando estáis a mi alrededor, incluso si os sentís ofendidos. Quiero que seáis capaces de decirme cualquier cosa, aunque no lo penséis. Quiero que os sintáis tan bien que no consideréis necesario que yo esté aquí. La experiencia del Amor no necesita que yo esté aquí para defenderme. Ni requiere que yo sea respetado, honrado o reconocido.

83

Yo mismo bloqueo mi capacidad para ver la Belleza.

La preocupación por el ego de otra persona bloquea mi visión. Para ver el corazón de otra persona primero debo ser honesto conmigo mismo acerca de lo que estoy convirtiendo en algo más importante que el amor. En segundo lugar, debo permitir que esa persona sea tal como es en ese momento. Entonces mi visión podrá mostrarme algo nuevo y totalmente libre de mis opiniones. Ninguna cuestión debe considerarse más importante que la relación.

84

No hay amor sin aceptación.

Sin duda, los seres queridos deberían acomodarse los unos con los otros, deberían conocer las necesidades de los demás, pero la acomodación no mejora la relación si ésta es forzada. Todo lo que puedo hacer es intentar cumplir con mi parte, sabiendo que ejercer presión, formular demandas o «establecer límites» para forzar a los seres queridos a cumplir con su parte siempre convierte una situación mala en una peor. El auténtico amor entre una pareja, entre amigos, entre padre e hijo o entre dos personas se mantiene gracias a una profunda familiaridad con las debilidades y las necesidades de uno y otro, e incluye una voluntad interior de recibir en nuestro corazón de la misma manera que la otra persona desea sentir y actuar.

85

Hoy descartaré algunos de los problemas que están en la lista de problemas que creo tener.

Para tener la posibilidad de ser feliz hoy, intentaré ser íntegro, sentirme íntegro y vivir desde la integridad. Los problemas rompen la integridad, de forma que me voy a plantear si en realidad necesito tener todos los problemas que sigo manteniendo. Además, no me obsesionaré por el problema *du jour*.

86

**La conciencia de la existencia de Dios
no me proporciona una vida maravillosa.
Me proporciona la conciencia
de la existencia de Dios.**

No hay ninguna recompensa en el mundo por nuestro progreso espiritual. La Eternidad no nos ofrece cosas que siempre cambian. El espíritu no me da lo que no es espiritual, y Dios no me «bendice» con dinero por pensar en lo que es correcto. De hecho, utilizar mi mente para conseguir cosas siempre provoca ansiedad. Debería resultar obvio que solamente las cosas eternas provienen de la Eternidad. Puedo dejar de mirar a mi alrededor para conseguir mis incentivos espirituales. Esto debería eliminar gran parte de mis distracciones del centro espiritual.

87

**Si soy una parte de Dios,
debo cumplir con mi parte.**

La parte de nosotros que toca a Dios, la debemos tocar. La parte de nosotros que escucha la canción del cielo, debemos escucharla. La parte de nosotros que siente el bienestar de la Casa la debemos sentir. Mantente tranquilo, y verás cómo lo consigues.

88

Deja que mi primera respuesta sea tranquila.

Como la tranquilidad se encuentra en mi corazón, no en los acontecimientos, no necesito retrasarme hasta que llegue un momento más conveniente. Como la tranquilidad es la presencia de paz, y no la ausencia de ruido, siempre está presente.

89

La auténtica soledad incluye conexión.

No tiene ningún sentido decir que para sentir aquello que nos une tenemos que escapar de todo. Para conocer la tranquilidad, no tengo que reorganizar toda mi vida, simplemente mis valores. Para conocer la tranquilidad, sólo tengo que ofrecer respeto.

90

**No puedo tener la vida que quiero,
pero puedo estar en paz con la vida que tengo.**

La práctica diaria de la oración y la meditación tiene un efecto acumulativo, pero el efecto está en nuestro corazón. Las prácticas espirituales no eliminan los accidentes, los errores, las tragedias y el sufrimiento. Pero un giro profundo hacia Dios une la mente y proporciona paz. Levanta el espíritu y empieza a liberarlo, y puede infundir belleza y alegría en los acontecimientos diarios. La oración y la meditación no me ofrecen una nueva vida, pero, si soy sincero, posiblemente me enamoraré de la vida que tengo.

91

El amor es la mente de Dios y también la mía.

El ego no tiene hogar ni compañía. Vive con ansiedad e incomprensión. No puede divertirse porque no puede permanecer en el presente. No puede amar porque todo lo ve con un ojo crítico. Yo quiero ser más que un ego, quiero experimentar una unión profunda y confortable con los demás, quiero mirar con paz en los ojos en lugar de superioridad, quiero ser feliz en lugar de justificarme siempre.

92

**Si existe la posibilidad de decirlo o no,
no lo digas.**

El amor es un estado de gracia, una forma de ver y de bendecir, aunque sus pruebas no parecen demasiado agradables. Hay que ser sincero. Yo siempre sé si mis intenciones vienen del corazón, porque no siento ninguna duda, ningún conflicto antes de hablar. Siempre debería ayudar y defender a cualquiera de mis seres queridos que necesite y quiera mi ayuda y a cualquier criatura que yo pueda ayudar, y es posible que a veces mi actitud parezca inflexible. Pero *yo* sé lo que es en realidad. Sin embargo, si me siento en conflicto cuando voy a hablar, mi ego también se implica y es mejor esperar hasta que me sienta mejor, porque el conflicto acompañará a todo lo que provoque.

93

El corazón puede escuchar
mejor que los oídos.

La gente conversa a dos niveles: acerca de un tema y sobre los sentimientos. Raramente una conversación se trata de intercambio de palabras, ya que normalmente sobreinterpretamos y sobrerreaccionamos a lo que dice la otra persona, e incluso a veces las relaciones de amor acaban en discusiones mundanas. En los intercambios que tenga hoy, me preguntaré en silencio: «¿Qué es lo que (nombre de la persona) quiere realmente de mí?». A menudo, la gente quiere simplemente ser respetada y apoyada. Quiere ser comprendida y apreciada. En realidad no es complicado, a menos que me quede bloqueado en las palabras que esa gente utiliza o los temas que elige.

94

La empatía no es una actitud;
es una necesidad interior.

No es necesario hablar con otras personas, o estar de acuerdo con ellas, o animarlas, o pasar más tiempo con ellas. Pero es necesario identificarse con ellas, amarlas como me amo a mí mismo. Si puedo identificarme con mis mascotas y mis plantas, realmente puedo también identificarme con los demás seres humanos. Sé lo que es sentirse comprendido.

95

Con tranquilidad podré preguntar qué es lo que Dios ve.

Existe una percepción a partir de la cual el mundo tiene un rumbo y un significado y en la que las personas son perfectas tal como son. Obviamente, no es lo que parece, y decirle a la gente que sufre que «todo pasa por algún motivo» es muy cruel. Pero cuando estamos tranquilos a veces podemos sentir que existe otro punto de vista en toda esta locura. Así que hoy dejaré que el mundo sea tal como es, y preguntaré en silencio qué es lo que Dios ve, y que yo no consigo ver, en el corazón de las personas.

96

Tengo la libertad de notar la presencia de Dios dondequiera que miro.

Si Dios está en mi mente, entonces puedo ver a Dios dondequiera que mire o en cualquier cosa que piense. Y si Dios forma parte de todos los seres vivos, entonces dondequiera que mire, Dios me mira a mí.

**Una mente tranquila no puede crear un caos.
Una mente en conflicto no puede crear
nada más que eso.**

¿Cómo puede ser bien recibida la paz en un corazón intranquilo? ¿Cómo puede ser recibida la tranquilidad en una mente ocupada? ¿Cómo puedo amar si solamente tengo pensamientos de odio? ¿Cómo puedo ser consciente de lo eterno y lo perdurable si sólo me concentro en mi deseo de que algo cambie? Para experimentar a Dios, debo ser tan tranquilo como Dios.

98

Los dones de Dios son ofrecidos con gratitud.

Ningún esfuerzo mundano es percibido justamente o tratado justamente. Pero todo esfuerzo espiritual es tratado con perfecta justicia y es considerado incluso como el deseo de sentir lleno nuestro corazón. Los dones de Dios no son solamente «una recompensa» por nuestra firmeza; están envueltos en tranquilidad, atados con belleza y ofrecidos con una gratitud eterna.

Los problemas no justifican la crueldad.

Pocas cosas deben hacerse al mismo tiempo, y pocas necesidades deben hacerse deprisa. Al intentar solucionar un problema, debo abrirme a todas las opciones, incluso a avanzar a pequeños pasos y a hacer modestos avances, en lugar de insistir en encontrar una solución inmediata. Ningún problema puede solucionarse a la perfección, y a todos los problemas les queda algún resto. Mi problema crónico necesita apresurarse, porque hay señales de que estoy dispuesto a atacar a mi cuerpo y a estropear mi mente. La amabilidad hacia mí y hacia los demás debe ser una parte del proceso o, de lo contrario, esto no tendrá ningún sentido.

Dedica un tiempo generoso a todas tus tareas.

Me doy cuenta de que, cuando me impongo un límite de tiempo, un plazo, y me apresuro a cumplirlo, es prácticamente imposible evitar culpar o atacar mentalmente a los demás. Porque el tiempo puede ser tanto un lubricante como un punto de fricción. Hoy me daré a mí mismo, a mi mente y a todo lo que haga más tiempo del necesario.

La paz sagrada de Dios está a mi alrededor. Cuando estoy tranquilo, se refleja en mí.

Hay algo que es seguro acerca de mí mismo y de las personas que he conocido. Estamos haciendo demasiado. Necesitamos detenernos y colocar algunos aros a través de los que podamos saltar. Necesitamos detenernos para conocer nuestras propias intenciones. Necesitamos detenernos para comprobar qué es lo que no hemos podido cumplir a lo largo del día. Necesitamos estar en silencio. Necesitamos ser felices. Necesitamos estar tranquilos.

Convierte la paz de Dios en algo más importante que las tareas cotidianas.

Es esencial trazar una trayectoria, establecer un objetivo, tener un camino a seguir. Dentro de la desconcertante serie de conceptos presentados por el mundo, ¿cuál será mi dirección al inicio del día, cuál será mi camino? Esta cuestión dirige el objetivo de mi corazón, no la lista de tareas que tengo que hacer. Esto es infinitamente más importante que lavarme los dientes dibujando círculos, ganarle la guerra a mi pelo, tomar un «buen» desayuno, hacer el «suficiente» ejercicio, apresurarme «para estar a punto» o cualquier otra prioridad que tenga al despertar.

Recordaré al Uno que me coge la mano con amor.

Hay un Uno que siempre está con nosotros y, cuando nos despertamos por la mañana, no tenemos por qué empezar solos nuestro día. Siempre tenemos la opción de empezar sintiendo el bienestar y la bendición de Dios, que ha estado con nosotros durante toda la noche y que estará con nosotros durante todo el día, durante toda la vida, para siempre.

Párate un momento y quédate en la luz sagrada de Dios.

¿Qué es más importante que ser real? ¿Qué tiene más importancia que experimentar lo que soy y dónde estoy? Si la eternidad es mi Casa, ¿por qué no visitar mi Casa ahora? Hoy haré pausas para inundarme del amor de Dios.

La voz de Dios está dentro de mí.

No debemos tener miedo de confiar en nosotros mismos, de tener nuestros propios pensamientos, de decidir el rumbo que debemos tomar y de caminar despacio y con seguridad hacia nuestro objetivo. El Uno que está con nosotros no habla desde la distancia, sino desde nuestro interior.

El tiempo siempre se invierte en algo.

La forma en la que me valoro a mí mismo determina la forma en que utilizo el tiempo. ¿Me acepto tal y como Dios me ve? Si pienso que soy poca cosa, no le daré demasiado valor a mi tiempo, y pondré muy poca atención en cómo utilizarlo. El tiempo se puede utilizar para acercarse a la Casa o para alejarse, pero no existe una manera neutral de utilizar el tiempo.

107

No importa cuántas veces o cuánto tiempo hace que cometí el error, nunca es demasiado tarde para corregirlo.

Incluso un paso tímido hacia la luz es mejor que quedarse en la oscuridad. Los errores, incluso los persistentes, no me definen, a menos que yo quiera creer que lo hacen. Aunque muchas de mis pautas hayan durado mucho tiempo y hayan sido perversas, ninguna de ellas puede recrear su yo espiritual. Cometer el mismo error no justifica el hecho de sentir que está todo perdido. Nada puede evitar que cambie de rumbo. ¿Qué pequeño paso puedo hacer ahora? Hoy —de hecho, cada día— no está todo perdido, porque estoy a tiempo de volver a empezar.

Como Dios está conmigo, es posible encontrar la paz dondequiera que estoy.

Sin utilizar la gimnasia mental y los datos seleccionados arbitrariamente, no puedo crear una prueba patente de que Dios está presente. Así que, a menos que permanezca consciente, de modo reflexivo me dejo llevar y actúo como si estuviera solo y pienso como si mis ideas fueran privadas. Sin embargo, es necesario darle significado a la experiencia externa, porque cada persona tiene una opinión diferente de la comida, la niebla, la música, las elecciones, el momento del día o las lagartijas. Esto significa que el día que yo *experimento* está creado por mi estado mental, que puede reconocer o bien nada más grande y más importante que «yo», o bien puede reconocer el reino del cielo.

Nunca deja de ser ahora.

El viaje de regreso a Dios es el viaje de regreso al ahora. Ascender al cielo es hundirse tan profundamente en el presente que perdemos interés por los remordimientos del pasado y por las previsiones angustiosas. Pero lo hago todo muy complicado. «¿Debería planear la cena; debería disculparme por lo que dije ayer; debería hacer testamento...?». Pensar en lo que significa estar en el presente es no estar en el presente. Los niños son tan poco sofisticados que corren, se ríen, observan a los extraños, prueban las piedras, y se divierten muchísimo. Son tan ingenuos que no saben que tienen dominados los conceptos metafísicos avanzados y las técnicas místicas. Hoy, intentaré ser ingenuo como los niños.

«Finalmente soy flexible» será mi afirmación del día.

Nuestra vida se pone en contacto con nosotros en el punto conocido como ahora. Es el punto en el que se escapa el tiempo y se entra en la realidad. Nuestro espacio de vida real está compuesto por un número de *ahoras* que experimentamos, y su calidad viene determinada por las atenciones con las que respondemos al presente. Excepto cuando éramos niños, la mayoría no hemos vislumbrado nuestra vida desde hace mucho tiempo. Es otra forma de decir que la mayoría de nosotros debemos aprender a relajarnos, y nada se aprende sin practicar.

III

Un momento no probado es una vela sin encender.

Nuestra falta de confianza en lo que nos encontraremos nos impide buscar el terreno más regular y la visión más perfecta que nos ofrece el presente. Pensamos en ahora como un lugar de aburrimiento y tedio o de dolor espantoso que nos devuelve a nuestros sentidos. De modo que requiere un gran esfuerzo de fe para instalarse en la dulce tranquilidad iluminada. Esta experiencia de paz divina, incluso si es constante, no nos protege de la mala suerte o de las injustificadas vueltas que da la vida. Opera en un nivel de experiencia diferente, pero que merece la pena perseguir. La luz de un simple momento de tranquilidad es compartida con los demás y guardada en nuestro interior.

«No tengas miedo» es la afirmación que debes practicar.

Mi temor al presente —que queda demostrado con mi poca predisposición a detenerme, a ser presente y a hacer realmente lo que estoy haciendo— o bien me frena las oportunidades de ser feliz o bien me hace huir de ellas.

La conexión y el temor no se pueden experimentar juntos.

Si el océano fuera una mente pura y yo fuera una ola, me horrorizaría la idea de separarme de la sustancia que me creó. ¿Qué es una ola sin agua y una mente sin amor?

Un gesto generoso nunca viene solo.

Los ángeles nos rodean y nos elevan cada vez que expresamos lo mejor de nuestra naturaleza. Imaginemos un mundo del que realmente me gustara formar parte, porque mis esfuerzos por ser feliz, amable y entero ayudan a crearlo.

115

La justicia es un camino
con opciones ilimitadas.

El camino hacia Dios es «recto» porque no hace ningún giro hacia limitación alguna. Es «abrupto» porque es completamente puro, de manera que conduce hacia una libertad cada vez mayor. Hay una gran diferencia entre «ser justo» en oposición a los demás y mantener un interior y tranquilo sentimiento de conciencia justa, que incluye a los demás. Si abandono mi sentido personal del bien y el mal porque no es el lema con el que los demás viven, me traiciono a mí mismo y me convierto en un enemigo de mi propia esencia. La paradoja del bien y el mal es que, aunque la vida no es justa, puedo sentirme en paz con mi vida mediante la justicia.

116

Ofrecer un don espiritual le demuestra
a mi mente que ya lo tengo.

Pierdo todos mis dones espirituales en el instante en que dejo de ofrecerlos a los demás. Cualquier sentimiento de descontento o de vacío que pueda experimentar hoy indicará el don preciso que debo ofrecerles a los que están a mi alrededor. Solamente «recibo» dones espirituales si se los ofrezco a los demás.

El momento anterior y posterior a un milagro no es menos milagroso.

El Amor hace milagros. Pero ¿qué es lo que intento remarcar, el milagro o el Amor? Si dedico mi atención al milagro, aparto la mirada de su Causa. El Amor todavía está presente, está aquí, me envuelve a mí y a cualquier persona buena.

118

Hoy es un día bendito.

Como Dios lo rodea y fluye suavemente a través mi corazón, late tranquilamente. Mis ojos se sienten confortados por la presencia calmada de Dios. Mis pies caminan por el camino preparado por Dios, y mi mano coge la mano de Dios en paz.

119

Soy tal como Dios me creó.

Tu ansia por comer es la propia voz de Dios. Tu rumbo en la vida es la propia voluntad de Dios. En tu amabilidad y tu devoción se encuentra el amor de Dios. ¿Qué puedes ser tú que Dios no sea?

La mente puede rumiar, pero también puede relajarse y sonreír.

Seguro que me resulta mucho más fácil relajarme, abrirme y liberar las viejas dolencias y las preocupaciones corrosivas en lugar de continuar cogiéndome a ellas con fuerza. Una persona puede dirigir toda su concentración en liberarse tan fácilmente como puede alimentar las lamentaciones y los temores.

Mi mente, que es un don de Dios, nunca morirá. Es mi responsabilidad y está bajo mi cargo para siempre.

A menudo los deseos del ego se presentan con un sentimiento de urgencia, como si el momento presente fuera a acabar de inmediato: «Hazlo ahora» (antes de que seas consciente de ello). «Simplemente hazlo» (antes de que tu conciencia se eche abajo). Soy libre de usar mal mi mente, pero la lección será repetida hasta que la aprenda. La obstinación no es un enfoque feliz de la vida. Porque si me detengo lo suficiente como para experimentar la sensatez, no solamente me aparto del sufrimiento, sino que también le proporciono un poco de tranquilidad a un mundo inquieto, que ha estado esperando durante mucho tiempo que su familia humana se diera cuenta de ello.

Desde mi mente pacífica, hablaré amablemente a la parte de mí que tiene miedo.

Controla tu voluntad y, cada vez que te sientas suficientemente fuerte, aparta la prueba de tu culpabilidad y la desesperanza de tu afección. Con calma, deja que el temor salga de tu mente. Intenta mantenerte tranquilo y recuerda que Dios no puede perder de vista la belleza y la fuerza que había en tu corazón antes de empezar. Tú no perteneces a tu ego. Perteneces a Dios.

123

El crecimiento espiritual es aprender lo que nos hace felices.

No existe mayor disuasión para nuestro progreso que la sospecha de que nos pedirán que hagamos más de lo que podemos y que renunciemos a las cosas que deseamos. El camino hacia Dios no es una carga, y el reino del cielo, donde todo es ilimitado y bueno, no se consigue con sacrificio. Simplemente nos piden que confiemos, que amemos, que seamos felices.

124

No me curo solo.

Nuestro potencial como curanderos no puede llegar más allá de sus posibilidades. Ser amables con los que nos rodean y dedicarnos a que puedan conseguir la paz nos hará mucho más que felices. Ayudará a liberar al mundo del dolor y a convertir el infierno en el cielo para cada ser vivo.

125

El simple hecho de ser feliz incluye todo el esfuerzo espiritual y todo el potencial divino.

Sé feliz, y poco a poco libera tu mente de lo que te hace infeliz. Éste es el viejo secreto; la enseñanza interior; el conocimiento perdido; el mensaje de la voz tranquila y calmada; la única sabiduría que siempre se ha querido alcanzar.

126

Todo lo que hago importa.

No existen decisiones sin consecuencias. Cada día tengo mil oportunidades de ver y pensar con tranquilidad, de comprender en lugar de atacar, de ser humano en lugar de ser justo, de ser íntegro en lugar de ser destructivo. Cada circunstancia me ofrece la oportunidad de ponerme de parte de mi fuerza en lugar de mi debilidad, de mi paz en lugar de mis temores, de mi destino en lugar de mis digresiones hacia el sufrimiento. Y cada pequeña decisión que tomo afecta a mis seres queridos.

Existe solamente un tipo de amor:
el incalculable.

El amor es el deseo de que todos los que están a mi alrededor sientan felicidad, paz y satisfacción. Pero no forma parte de todo esto el hecho de desear una recompensa por los esfuerzos que hago ni el de desear que mis motivos se interpreten con exactitud. El deseo de recompensa es un auténtico ego. El amor es la voluntad de cada persona para encontrar su propio camino y la confianza de que Algo más sabio que nosotros nos está observando desde algún lugar.

128

Una visión amable hace un mundo amable
por el que caminar.

La gente crítica evidentemente es infeliz, pero ¿por qué esta percepción es tan difícil aplicármela? ¿Qué es lo que pienso que es tan deseable acerca de la aversión y el rencor? ¿Creo que me convertirán en alguien superior? ¿O que me pondrán por delante de la gente amable? ¿O que me conducirán hasta un punto satisfactorio de venganza? Dejadme reconocer como mínimo que permanezco conmovido y angustiado mientras estoy resentido. Dejadme admitir también que yo puedo alimentar una injusticia para mantenerla viva.

**Si hoy dejo que todas las cosas sean tal como son,
la tierra no podrá hacer más que bailar,
y mi corazón bailará con ella.**

Si el mundo expresara Unidad, sería irreconocible y ya no sería el mundo. Es un lugar de fricciones y de guerras, incluso a nivel molecular. Todo está separado. Todo tiene su propia agenda. Puedo aceptar esto o puedo desear que no sea así. La aceptación me permite estar en el mundo, pero sin ser definido por él. Una actitud crítica me pone en contra de todo el mundo y de todas las cosas, pero una actitud de aceptación permite que la Belleza que hay en mi interior se convierta en parte de mi experiencia.

130

Ya sé lo suficiente.

Todo el mundo sabe cómo ser un buen amigo, una pareja tolerante y atenta, una madre o un padre cariñosos, un cliente considerado, un jefe amable y respetable. No importa qué es lo que no sé si empleo todo lo que sé en este mismo instante. Solamente un concepto espiritual, practicado con constancia, es suficiente. La regla de oro es un ejemplo de sustituto seguro para cualquier filosofía moral, religión o sistema metafísico en la tierra. ¿Pero lo voy a practicar hoy?

**Mi actitud refleja mi estado de la mente.
Mi mente, no mi actitud, es el centro apropiado.**

Utilizar frases mentalmente para cambiar mi actitud es como encontrarse ante una sombra y ordenarle que se vaya. No son las palabras que pienso, sino el motivo en conjunto lo que caracteriza mi efecto hacia los demás y hacia mí mismo. Cuando me concentro en controlar mi actitud, renuncio al objetivo de un estado mental lógico. Puedo esforzarme para conseguir una lógica interior o una lógica exterior, pero no ambas cosas. Mi integridad mental determina lo intuitivo que soy acerca de los demás y lo sensible que soy en relación con sus necesidades, así como con las mías.

No soy una víctima de mi infancia.

La divinidad no tiene ningún interés en interpretar las escenas dolorosas de la infancia e imponerlas en el presente. Lo que una vez pasó no es responsable de lo que está pasando ahora. Solamente yo soy el responsable, porque soy yo quien existe en el presente. ¿Quiero ser sano e íntegro o prefiero continuar justificando mis errores? Mi ego ya está formado, pero la forma de expresarlo está en mis manos.

Deja que las palabras te salgan del corazón, no de la «honestidad»

El ego siempre crea símbolos de derrota, aunque no puede decirse que estaba en una lucha. Su afirmación es: «Me opongo, por lo tanto, existo». No importa las veces que salgamos de una conversación, incluso con amigos, sintiéndonos un poco decepcionados e insatisfechos. Me engaño a mí mismo si pienso que me estoy comunicando simplemente porque soy literal. Los sentimientos de dos personas nunca son idénticos. A ese nivel no existe unión. Solamente pueden ser expresados los grados de diferencia. Es necesario algo más profundo que la «honestidad» al emitir mis pensamientos y mis sentimientos superficiales si deseo conseguir una auténtica conexión con otra persona.

**La única opción importante que tenemos
es o bien recibir la vida como un regalo, o bien
criticarla y luchar a cada paso del camino.**

Intento conseguir la perfección en los detalles de mi vida. Creo
que lo tengo todo controlado y que solamente quedan algunas
cosas por arreglar. Quizás es un problema de salud persistente,
que no me llega el dinero, algo de mi aspecto, o esa costumbre
molesta que tiene alguien. Pero si progreso, todo lo demás se
queda a un lado. Aunque obstinadamente me niegue a reconocer las pautas generales. Mi malestar no proviene de las partes
actuales de mi vida que no son de mi agrado, sino de mi preocupación por esas partes. Creo que mi vida se puede mejorar,
pero nunca nadie lo tiene todo bajo control.

135

**El mundo no funciona.
Intentar que funcione es la raíz de mi malestar.**

No importa la situación en la que me encuentre, mi ego nunca está totalmente en paz. Si pudiera cambiar «este aspecto»
de la situación, sería aceptable. Pero esto supone que todo lo
demás permanecería igual. Si una cosa cambia, la situación
en conjunto debe cambiar, porque su significado depende del
contraste y de la comparación. Así que después de cambiar
«este aspecto», surge algo nuevo que es igualmente preocupante. Esta voluntad dinámica se acaba cuando dejo de controlar mi prioridad.

La tolerancia y la comprensión sobrepasan
el «bien y el mal»

Es imposible que existan un bien y un mal absolutos en un mundo de individualidades. La realidad es lo que es la realidad. Cualquier cosa que pueda ser es tan vasta que nadie la puede ver en su totalidad. Es imposible que las relaciones lleguen a un punto muerto si simplemente se comprende esto: todos miramos hacia la misma inmensa realidad y cada uno de nosotros ve *algo*. Cuando rechazo el punto de vista de otra persona por completo, estoy diciendo que esta persona no está viendo nada. Yo ya sé lo que tengo que decir. ¿No sería quizá más *interesante* escuchar lo que esa persona tiene que decir?

137

Cualquier actitud, técnica o filosofía útil para
otra persona se merece todo mi apoyo.

La cuestión no es si creo en el planteamiento de otra persona o de si me aplicaré ese planteamiento. La cuestión es si ese planteamiento afirma la vida. Debo apoyar cualquier idea, terapia o procedimiento que le permita a alguien salir del sufrimiento. Hoy desafiaré a los pensamientos desagradables que pasan por mi mente acerca de los planteamientos de otras personas para curarse, rendir culto o vivir la vida diaria.

138

Lo único que puedo hacer es intentar hacer lo mejor.

«Lo único que puedes hacer es hacer lo mejor que puedas.» Este simple reconocimiento libera la preocupación innecesaria de todas las necesidades que se deben cumplir, y devuelve a mi mente el momento en que cualquier cosa se puede hacer. «Siempre lo podemos hacer mejor» no se contradice con el pacífico reconocimiento de que «cumpliremos con lo que podamos cumplir». Afirma que el potencial no tiene límites. Pero, sin tener en cuenta la forma, tener la preocupación por encima de los objetivos en cuanto a cantidad no es ningún logro.

139

La paz disuelve el control del tiempo.

Una mente atareada se concentra en todo lo que puede lograr en un tiempo concreto. Una mente pacífica se concentra en la intemporalidad que puede experimentar en este instante.

140

¿Quiero la pregunta o la respuesta?

No descanso en los suaves brazos del Amor cuando cuestiono cómo han conseguido llegar hasta aquí o cuando quiero saber por qué me quieren abrazar a *mí*.

Al juzgar, renuncio al autocontrol.

Cuando decido juzgar, decido trasladar mi fuerza hacia el objeto de mi ataque. Y aunque es posible que empiece juzgando una cosa, creyendo que incluso un único juicio es justificado, afirmo la validez de todo el proceso de juzgar. En ese preciso instante me convierto en un teclado sobre el cual cualquier persona o evento puede hacer sonar las notas de mi historia personal. Ahora soy un instrumento pasivo a través del cual cualquiera puede tocar mi melodía preprogramada, aunque nadie más que yo la puede oír.

La preocupación no mejora las relaciones.

Intentar complacer ansiosamente es otra forma de intentar cambiar a alguien. También me convierte en una víctima. Creo que no puedo aceptar su actitud hacia mí. Y pienso que la aceptación es el enemigo. Pero la aceptación no me hace más vulnerable, puesto que no preludia un cambio en el corazón sino la permanencia en el conflicto.

143

Las discrepancias no pueden reducir el amor.

Para la parte del ego que hay en nosotros, el amor es comprensión. «Si realmente me quieres, estarás de acuerdo con mis creencias, sean cuales sean, y apoyarás mis decisiones». Pero el amor auténtico es verse el uno al otro con claridad y aceptarse el uno al otro tal como somos. El amor real reconoce que siempre existen discrepancias entre distintas personalidades, y las considera interesantes más que perturbadoras.

144

La Voz que hay en el interior de todos los corazones es la misma.

Si la luz que tenemos en nuestro interior nos permite ver lo que es espiritual, también nos debe permitir reconocer lo que nos guía. Esta luz brilla suavemente en el camino que recorremos y nos demuestra lo afortunados que somos por viajar juntos. Los argumentos que denominan a esto Beneficencia traicionan la auténtica naturaleza de nuestra guía. Es suficiente con confiar en lo que nos dice el interior de nuestro corazón, lo que dice el interior de todos los corazones.

145

Sólo amando puedo sentir
y experimentar el *ser* amado.

Una mente que ama es bendita y al mismo tiempo bendice. Pero si lo que busco es intentar ser amado, en ese instante es imposible que yo pueda amar. El amor no es una cuestión de concesiones y de reciprocidad. Es unilateral, global y completo.

146

No soy «amable» si no quiero serlo.

Si tengo dudas a la hora de hacer un ofrecimiento, todavía no tengo el don de dar. Si me siento contrariado acerca de por qué estoy haciendo algo por alguien, la contradicción es mi don predominante.

147

El estado de mi mente es lo
que le doy a otra persona.

Si doy un concepto, todo lo que se recibe es un concepto. Si doy tiempo, éste desaparece. Si doy objetos o dinero, pueden ser malversados o malinterpretados. Dinero, objetos, conceptos y tiempo pueden ser unos fuertes símbolos de la divinidad, pero sólo si proceden del corazón.

148

Lo que veo es lo que obtengo.

La vista es una extensión literal de nosotros mismos. Una mirada amable ofrece una fuerza tan real como la del propio objeto y lo transforma en su propia naturaleza. En mi presencia tú devienes la parte de mi corazón que he dejado libre.

149

Para aprender algo nuevo, tengo que renunciar a ser mi propio profesor.

La vida no selecciona clases particulares para mí para que pueda aprender. Ni susurra instrucciones que pueda escuchar e interpretar correctamente. Lo único que me pide es que no sea mi propio gurú. Hoy practicaré con esto: no hacer suposiciones y no sacar conclusiones. Si lo hago, la Vida misma se preocupará de todo lo demás.

La voz del pasado no es la voz de Dios.

El hecho de coger las incontables experiencias contradictorias por las que he pasado, resaltar solamente cierto tipo de experiencias y luego colocarlas como guía para futuras acciones, no comporta autoconfianza, sino la falta de ella. Nunca he conocido a nadie que tenga un enfoque completamente equilibrado de la vida. Todo el mundo resalta algo en concreto. ¡Y seguro que yo no soy la excepción! Nuestro yo pasado se encuentra en el pasado; nuestro yo presente se encuentra en el presente, y sólo en el presente se puede confiar en él.

151

Los sentimientos espirituales son ilimitados y siempre están presentes. Los sentimientos del ego son limitados y están atados al pasado.

El Sermón de la Montaña elimina todas las salvedades de las viejas virtudes. Una virtud es pura y sincera si no tiene excepciones. En realidad, debería considerar si en un momento concreto es apropiado actuar felizmente, comportarme afectuosamente o profesar mi fe. Pero, en mi corazón, el amor, la felicidad y la fe no tienen restricciones.

Juzgar críticamente sigue siendo juzgar.

¿Cómo puedo atreverme a bloquear el camino del amor juzgando qué hijo de Dios es meritorio y cuál no? Cualquier persona es libre de romper mis reglas espirituales. Si en nombre de mi fe digo quiénes no lo merecen, estoy juzgando para dejar de juzgar.

153

**El perdón es espontáneo
y no requiere un «buen juicio».**

Nunca es mejor considerar que perdonar. Nunca es mejor esperar a ver si alguien hace algo por su parte. El perdón es un acto de supervivencia y debería ser una respuesta instintiva al daño que la ira está causando a mi mente.

154

Perdonar es volver a conectar con Dios.

Ira, irritación, aversión, desaprobación, odio y demás cortan mi conexión con el Amor. El perdón es un reconocimiento proactivo de que preferiría tener esta conexión antes que ser «justo» con otra persona. Si dudo a la hora de reconectarme, lo único que consigo es perjudicarme.

La felicidad empieza aumentando el conocimiento de los demás.

Los propietarios de animales de compañía que se preguntan: «¿Qué es lo que dice de mí el comportamiento de este animal?», son capaces de reaccionar con poca sensibilidad y a veces con crueldad hacia sus animales. Por ejemplo, es posible que le exijan obediencia y fidelidad a un perro, mientras que no ven ninguna razón por la cual ellos deberían comprometerse toda una vida con el perro. Del mismo modo, soy consciente de la actitud que tienen los demás hacia mí, aunque no de mi actitud hacia ellos.

156

El Amor observa sin interpretar.

La mayor parte del tiempo yo no veo realmente a las demás personas. Las veo en relación conmigo. Primero me miro a mí, y después a los demás. El auténtico amor elimina comparaciones y observa directamente a los demás. No filtra lo que otra persona hace a través de la eterna cuestión del ego: «¿Qué me parece esto?». El auténtico amor evita la lente deformante de mis necesidades eventuales y mi autoimagen siempre cambiante, y observa a los demás desde *su* interior.

Los egos que me encuentre hoy no tienen que afectar a mi sentido del yo.

En una reunión en grupo, o en un intercambio cara a cara, debería de reconocer las intuiciones y las impresiones que tengo. No obstante, si interrumpo este proceso clasificándome ante las características que observo y los hechos que experimento de los demás, mi sentido del yo se ve inmediatamente alterado, porque estoy convirtiendo los egos de los que están a mi alrededor en una parte de quien yo creo que soy.

158

Pon a los demás en tu corazón, no en tu autoestima.

La parte de mí que está conectada con los demás y con la divinidad le habla directamente a mi mente. Me informa de quién soy, de dónde estoy, y de Quién está conmigo. El ego intenta encontrar la forma de convertir todas las situaciones en un elogio para él, incluso los problemas y los errores. Pero la auténtica autoestima se construye y se mantiene mediante la conexión con nuestro origen. Así, la baja autoestima no es un problema de insuficiente alegría interior.

159

La unidad es la experiencia:
«Aquí hay alguien que conozco».

Es imposible creer que otra persona es diferente que yo si me niego a asignar un valor a estas diferencias. Seré crítico conmigo mismo, o con la otra persona, si sólo me fijo en las diferencias. Lo que divergen las personalidades es espiritualmente poco importante. La Unidad me siente y me ve en otro. Relaja mi mente y me libera de la importancia que le doy a mi identidad superficial.

160

Hasta que me detenga y sienta
mi integridad, continuaré buscando.

La salud, la reputación, el respeto, un amor más apasionante, un coche más ostentoso, nada de lo que una persona consigue le satisface para siempre. Solamente desconfiando de que Dios nos ha llenado con un espíritu inocente, entero y abundante, podremos condenarnos a caminar por los callejones, observando por entre la chatarra y la basura, buscando algo indefinido que nadie ha encontrado nunca.

161

¿Qué voz estoy escuchando en este instante?

Todo el mundo escucha y sigue a su guía interior. La cuestión es qué voz es la que escuchamos. La respuesta es la que queremos escuchar. ¿Quiero escuchar la voz del pasado que me condiciona, que está en conflicto, a menudo agitado, y siempre lleno de falsas promesas? ¿O quiero escuchar la pacífica voz del presente y sentirme íntegro? Mi respuesta sincera a esta pregunta —y no simplemente el hecho de escuchar— determina lo que escucho.

162

Dios es amor, por eso nunca estoy solo.

Sin tener en cuenta las creencias espirituales que profesan la mayoría de las personas, creen que están solas. Piensan, actúan y rezan como si estuvieran solas. Esto es simplemente negar que el Amor existe. Es una mala interpretación que se esparce por todo lo que existe en el mundo que ven, y bloquea la experiencia de encontrar la paz.

163

La preocupación es una señal de cómo utilizo mi mente.

Lo que nos provoca preocupación no es nuestra falta de fe, no es lo que *no* creemos, sino lo que creemos. El único resultado de pensar que no hay nada en el universo que tenga una confianza inquebrantable en mí, y en cuya presencia siempre sea bienvenido, es el miedo.

164

Los sentimientos del ego los fabrican los pensamientos.

Luchar contra los sentimientos del ego es una batalla perdida, pero ser consciente de los pensamientos que los crean me permite dejar de ser una víctima. Los niños están dominados —todas sus ideas, movimientos y sentimientos— por la idea de que debajo de la cama hay un monstruo. Escuchar a sus padres decir: «No existen los monstruos», no disminuye el poder de esa idea. Aunque si encienden la luz y miran debajo de la cama, toman la responsabilidad de su mente y recuperan el dominio de ésta. Asimismo, decirme que un sentimiento de tristeza, miedo, ira o soledad es irrazonable, no conseguirá detenerlo. Aunque si observo de cerca el pensamiento concreto que hay en el sentimiento, no siento tanto su fuerza.

El miedo a la tranquilidad es el deseo
de mantenerse confuso.

Creer que estoy solo está en el núcleo de mi sensación de sentirme incómodo, abrumado, deprimido o confuso. El compromiso de Dios en mí no necesita argumentos o defensas. Pero estar convencido de que estoy solo requiere un detallado examen e interrogatorio. «¿Por qué sigo pensando que estoy solo si solamente unos momentos de tranquilidad me demuestran que no lo estoy?». Esta pregunta no debería ser una autoacusación, sino una pregunta sincera.

166

Veo la realidad que más me interesa.

Ver la divinidad es cuestión de concentración. No es difícil de encontrar porque está dondequiera que mire. Pero las imágenes de maldad, de guerra, de superficialidad, de muerte, de insensibilidad y de enfermedad también están dondequiera que mire. Mi más profundo interés determina qué «realidad» domina mi mente y la que transmito a los demás.

167

La forma en que utilizo mi mente
determina mi experiencia.

No te obsesiones por lo que es cruel, caótico o desalentador. No te obsesiones por pequeñas menudeces: pequeños desaires e insignificantes preocupaciones. Observa el ego con claridad, pero no te preocupes. En lugar de eso, obsesiónate por la belleza, por el sonido de las sonrisas, por los gestos de amabilidad, por los signos de paciencia y conformidad. Obsesiónate por la unidad y la integridad. Obsesiónate por lo que puede ser ofrecido y compartido.

168

Todos los cambios interiores
se reflejan exteriormente.

Si pienso a la defensiva en una persona, mi mente está a la defensiva. El ataque, no importa de qué modo, no se puede dividir en categorías. Y cualquier mente en guerra contra las personas o los recuerdos que la habitan reproduce esta guerra en cada situación y relación exterior. Mientras que una mente unida y tranquila transmite simplicidad y paz.

169

Las imágenes de mi mente vuelven
para decirme en qué confío.

No existen pensamientos puramente aleatorios y debo permanecer consciente del movimiento de mi pensamiento. Ofenderse, anhelar o lamentar es colocar mi confianza en la realidad equivocada. Adopto un conjunto de leyes completamente distintas a la ley divina. En este sentido, vivo en un purgatorio que he creado yo mismo. Aunque esta opción no domina la experiencia de los demás, no puedo hacer nada más que ofrecerles una vida más difícil.

170

Siempre que tropiezo, dejo que mi respuesta
sea atender con tranquilidad a Dios.

Dejadme que convierta la amabilidad y la tranquilidad mental en mi lema, en mi protección, en mi objetivo. No me dejéis roer los huesos del ego: lo que alguien quiere decir por algo que han dicho. Qué inútil soy. Qué injusta es la vida. Qué incomprendido soy por mi familia. Qué imposible es un logro espiritual. En lugar de esto, dejadme practicar la Respuesta, que es la tranquilidad de la mente, la conexión con los demás y la confianza en Dios.

171

Si la dejo en libertad,
mi mente podrá salir del caos.

Como su naturaleza es renacer en libertad y entrar en la paz, hoy me imaginaré mi mente como una bonita y flotante pelota y la devolveré a la divinidad. Hoy está encadenada a un mundo viejo y cansado, donde ya estamos cansados de vidas y de relaciones rotas, de triunfos inútiles y de logros efímeros, de pérdidas eventuales y de finales inevitables. Hoy tengo el poder de liberar a mi mente y de dejarla volar sobre la separación y el dolor. Cada vez que practico esto, mis cadenas autoimpuestas son más débiles y mi felicidad más segura.

172

No me resistiré a mi felicidad.

El Amor, que no contiene ninguna agresión, fluye a través de cualquier persona que no se le resista. Hoy tengo la voluntad de cumplir con la función que el Amor me ha asignado. Tengo la voluntad de ser y de sentirme a imagen y semejanza de Dios.

173

El perdón es la voluntad de ser feliz.

No le pediré a Dios que me ayude a perdonar porque el perdón tiene lugar cuando yo quiero. Deseo liberar a otra persona de mis opiniones acerca de ella. Perdono en el instante que quiero, el instante en el que me siento cansado de un estado abatido de la mente. Es mi responsabilidad el cambiar mi mente, no de Dios. Pedirle a Dios que me ayude en esto es simplemente decidir aplazarlo un poco más y continuar siendo una víctima de lo que yo me he hecho a mí mismo. Dios no me ha obligado a desear lo que yo no deseo.

174

¿Quiero ser culpable o quiero ser inocente?

El perdón a mí mismo sólo puede proceder de la unidad, y la unidad sólo puede proceder de aceptar el hecho de que estoy unido a los demás y a Dios. Para que esto ocurra, el deseo de experimentar la unidad debe producirse en cada encuentro mental y en cada contacto exterior. Debe ser activamente buscado, ya que de lo contrario le concederé mi culpabilidad a mi ego.

175

Lo que creo que soy
es lo que le ofrezco a otra persona.

Lo que procede de mi interior me informa de quién soy, y creeré que soy yo porque es la prueba que me he presentado a mí mismo. Cuando estoy bien, siento mi bondad inherente, y transmito mi bondad a los demás. Pero si estoy contrariado, entonces me siento solo y transmito la soledad a los demás.

176

Reconocer el conflicto interno
es el primer paso para tomar mejores decisiones.

Al pensar en las cosas por las que estoy preocupado o en las cosas que me gustaría cambiar, cuando me pregunto: «¿Qué me gustaría que pasara?», las primeras respuestas que llegan a mi mente son a menudo superficiales. Pero si me sigo preguntando: «¿Qué más me gustaría que pasara?», mis deseos son a menudo más intensos. Entonces empiezan a entrar en conflicto con mis deseos anteriores. Reconocer los resultados opuestos que yo creo que quiero me proporciona la opción de elegir qué parte de mí deseo potenciar. De este modo, el conflicto se puede utilizar positivamente.

177

**Aunque siempre soy honesto conmigo,
nunca encuentro una paz constante.**

Conciencia significa poner todas mis cartas sobre la mesa; es decir, mostrar todos mis impulsos, negativos y positivos. La conciencia es el reconocimiento consciente de todo lo que creo acerca de mí y acerca de los demás, incluso lo que me hace sentir molesto. Ser verbalmente honesto a veces es agradable y a menudo desagradable, pero ser honesto conmigo es un acto de amor fundamental para mi progreso.

178

**Nunca soy una víctima de mis pensamientos
a menos que quiera serlo.**

Puedo elegir no hacer caso de los pensamientos de mi ego y decir que en realidad no soy responsable porque no soy consciente de ellos. O bien puedo reconocer esos pensamientos pero elegir ser destructivo «porque la tentación es demasiado fuerte». Pero nunca se da una ignorancia total. Ningún «soporte físico», ni «naturaleza básica» ni «demonio interior» puede obligarme a traicionar a mi mente superior. No obstante, puedo justificar la traición a mí mismo o a otros, yo sólo elijo si quiero ser una víctima de mis pensamientos.

Yo mismo me pongo en una posición de debilidad cuando aprecio una queja.

Cuando guardo resentimiento o rencor, sólo me veo como una víctima, porque he puesto a alguien bajo control. Y mientras pienso que soy una víctima, no puedo ofrecer nada más que debilidad a los demás. Pero esta autoimagen de víctima no me perjudica solamente a mí, sino que también perjudica a las personas que amo.

180

La infelicidad requiere un pasado. La felicidad necesita de este instante.

Vivir en el presente es una manera de ser responsable porque elimina aquello de lo que dependo para justificar mi infelicidad. Me pone de nuevo la mente en mis manos. El pasado se ve fácilmente en la expresión de la cara de la mayoría de los adultos. La cara de los niños normalmente está libre del pasado.

**Mi pasado no es presente a menos
que lo provoque en mi mente.**

Si creo que me ha perjudicado lo que mis padres hicieron o dejaron de hacer, tengo una justificación para actuar según las mismas viejas pautas. «Yo no soy responsable de este carácter difícil a causa de lo que me hicieron.» Pero en este mismo instante no me están haciendo nada. Soy responsable de cómo soy ahora porque yo decido llamar y honrar al perjuicio.

182

**No hay ataques discretos.
No puedo amarme si juzgo al otro.**

La culpa convierte el objetivo de mi ataque en la fuerza que dirige mi pensamiento. Me concentro en la fractura y en la división, y de este modo divido mi poder en actitudes opuestas. Es imposible culpar a alguien sin sentirse culpable. Incluso cuando ataco a otra persona, me siento obligado a atacarme a mí mismo. Mi mente intenta mantener dos identidades —una inocente y otra culpable—, pero, para mantenerlas, está obligada a ir y venir de una a otra. No puedo culpar sin convertirme en el que culpa. Pero si me niego a culpar, mi mente vuelve a su integridad inherente.

183

El estado de nostalgia bloquea la experiencia de la integridad.

Una vida bien vivida no se consume con una inútil búsqueda tras otra, como todas las búsquedas en lo que creo que no debo ser. Una vida bien vivida se consume con el descubrimiento y con los resultados presentes. Es un banquete móvil, una profunda conmemoración en curso de lo que poseo de Verdad, sin tener en cuenta mis condiciones de vida o los caprichos del destino.

184

Reconocer mis problemas es un signo positivo de buena voluntad. No es un pensamiento negativo.

El viaje hacia la perfección es, por definición, un camino lleno de imperfecciones. Cada paso es una pequeña corrección de la dirección imperfecta hacia la que me dirijo. Tengo derecho a muchas cosas, pero una vida sin problemas no es uno de estos derechos.

La paz y la perfección no se pueden encontrar en el cuerpo.

No preguntes qué error espiritual has cometido para tener esta enfermedad. No preguntes qué significa tu accidente. No busques el orden en el caos. No busques un sentido en lo que no tiene sentido. ¿Por qué le sigo pidiendo a mi cuerpo lo que es incapaz de proporcionarme? ¿Qué puedo ganar juzgándome a mí mismo por ser físicamente vulnerable? Dios es el único ser en el universo que tiene un significado, y el accidente, la enfermedad y la tragedia no forman parte de Dios.

La libertad es un estado tranquilo de la mente.

La tranquilidad es el primer paso para liberar la mente de batallas inútiles. La tranquilidad se relaciona a menudo con la tranquilidad física y con la escasa actividad, pero el esfuerzo que debo hacer es transmitir la calma interior a cada pequeña tarea que realizo. De esta forma, establezco un tema de libertad que transcurre a lo largo del día, sin tener en cuenta lo alto o frenético que puede llegar a ser.

La integridad se ve en los demás
antes de sentirla en nuestro interior.

Nuestra visión ha sido trastornada, pero no la verdad espiritual de nuestra integridad. Cada persona que encontramos parece guardar una parte perdida de nosotros. Se une a nosotros en el instante en que es reconocida. Pero solamente una visión calmada e inocente la puede ver.

188

Si cuido de mis relaciones,
recordaré que Dios es alegría.

Como las mentes están unidas, sólo un propósito feliz y tranquilo logrará por sí mismo abarcar todos los aspectos de mis relaciones. La alegría no es una cualidad superficial. Empezaré con un poco de buena voluntad hacia la persona que tengo ante mí ahora, y el resto de mis relaciones se beneficiarán de ello.

189

El amor no se puede reprimir.

El amor empieza como un amor especial para una sola persona, pero, como es amor, enseguida empieza a expandirse. Asimismo, no es posible concentrarse en los pensamientos agresivos y de este modo bloquear su expansión. Si acepto realmente a una persona, acabo aceptando a todo el mundo. Pero si juzgo a una sola persona, empiezo a envenenar todas mis relaciones.

En Dios no existen necesidades.

Los inesperados e incontrolables caminos que la vida nos ofrece a menudo dejan claro que no sé qué es bueno para mí o qué es lo que quiero. Decidir lo que necesito y después pedirle a Dios que me lo dé, es, en el mejor de los casos, confiar parcialmente. Si confío plenamente en Dios, descubriré que mis necesidades ya tienen una respuesta.

El ego habla primero, pero en la tranquilidad podré escuchar la voz de la sensatez.

En todo lo que hacemos, el ego está en nuestra agenda y su voz siempre está presente. Cuando iniciamos el camino espiritual, nuestro ego también lo hizo. En todas las ocasiones nuestra mente cuenta con algún tipo de conflicto. Podemos mirar hacia atrás sobre cualquier decisión que hayamos tomado y recordaremos la motivación de nuestro ego, porque, en realidad, el ego habló. Esto ocurre porque *ninguna* relación puede ser reinterpretada como si hubiera empezado negativamente, ni en el momento en que quizás hemos seguido la paz de nuestro corazón. Hoy seré consciente de las dos voces que tengo en mi interior y, aunque conozco la motivación de mi ego, elegiré la voz de la sensatez.

192

Mientras esté abierto al mundo, practicaré la duda divina.

Dudar es natural y sano. Los que no dudan se engañan a sí mismos fácilmente. También es difícil conectar con aquellas personas que son estrictas en cuanto a sus creencias. Mis errores más insensibles los he cometido cuando creía tener la razón. La duda, utilizada correctamente, me mantiene humilde, equilibrado y entusiasmado para seguir la orientación de Dios.

193

Aceptar la responsabilidad por todo lo que pienso y lo que hago, sin culpabilizarme por nada ya corregido, es pura y auténtica humildad.

Una inquietud general, un dolor de conciencia o una punzada de preocupación, pueden ser un indicador muy útil de que no estoy siendo honesto conmigo. Primero, debo reconocer qué es lo que no estoy afrontando. A continuación, debo actuar para corregirlo, incluso si sólo puede hacerse mentalmente. Después podré rechazar sin miedo los sentimientos de culpabilidad.

**Si me comparo espiritualmente con otra persona,
veo la unidad. Pero si comparo mi ego
con el suyo, no veo nada.**

Cada uno de nosotros tiene un concepto diferente de la enfermedad y de la incapacidad física. Asimismo, nuestras personalidades, ninguna de ellas perfecta, tienen defectos concretos. No importa el aspecto de la persona que se tome en consideración, tanto si es profesor como si es estudiante, un «alma vieja» o «nueva», un creyente o un no creyente, ninguna persona es más divina que otra. Creer que somos superiores porque somos más simpáticos, más guapos, «tenemos dinero», tenemos hijos, nos llaman «jefe» o «experto» en una disciplina espiritual, es un autoengaño y un bloqueo para conseguir la paz.

195

Hoy reconoceré lo que es obvio.

Puedo bendecir mi cuerpo con mucha más facilidad que maltratarlo. Es más fácil que me guste mi pareja, mis hijos o mis amigos que sentir antipatía por ellos. Cuesta menos sentirse conectado que superior. Es mucho más difícil hacer las cosas difíciles.

196

El perdón siempre es posible en el presente.

Perdonar a alguien para siempre puede parecer imposible. ¿Pero no puedo perdonar a esa persona durante un simple suspiro? ¿No puedo retener la imagen de esa persona en mi mente un instante mientras permanece entera y en paz? Voy a practicar más.

197

Para perdonar a otra persona primero debo ser honesto conmigo.

A menudo, perdonar es como cambiar la realidad. Pero el perdón es simplemente volver a la paz. Si me siento agitado por alguien, mi propósito no es el de desmentir mi mente revuelta, sino el de volver mi atención hacia mi mente pacífica, donde nada necesita ser hecho o deshecho. Para conseguirlo, puedo ir hasta el origen del disturbio y rodear con una luz la imagen agitada que retengo de la otra persona. Esto no condonará lo que la otra persona hizo; aderezará la parte que estoy interpretando en mi propia angustia mental.

**Deja que no sienta miedo por estar relajado
y feliz. No puedo ponerme en peligro
descansando un momento en Dios.**

Cuando estoy paralizado por mi ego —tanto si estoy enfureci-
do, desanimado, temeroso, celoso, crítico o cualquier actitud
parecida—, tengo la opción de recordar que Dios quiere que
yo sea feliz y que me ha facilitado un camino para conseguirlo.
Recordar a Dios renueva mi conexión con el lugar donde me
siento íntegro.

199

**Permanece en el presente.
Camina en paz. Ama y sonríe con facilidad.
¿Qué más se puede hacer?**

Dios es uno; Dios es así de simple. La Verdad es verdad; la realidad es así de simple. El Amor es amor; lo que debo hacer es
así de simple.

Dios conoce la pregunta antes
de que yo la formule.

¿De verdad creo que Dios necesita mis explicaciones? Simplemente decidiendo relajarme en mi mejor naturaleza y permanecer allí felizmente, me entrego al cuidado de la fuerza más benevolente que existe allí. Dios no tiene que dar la respuesta; Dios es la respuesta.

201

Lo que quiero de ti es lo que yo niego tener.

Querer algo de otra persona es malinterpretar su papel en nuestra felicidad. Las demás personas son nuestra oportunidad de ofrecer lo que *somos*.

Escuchar con paz transforma
la discordia en melodía.

La mayoría de la gente acepta que, en una relación amorosa, las personas son parecidas y tienen que coincidir los intereses y las opiniones. Aunque, en realidad, no existen parejas perfectas ni los amigos completamente compatibles. A nivel de personalidad, las personas difieren en todos los aspectos y no pueden ser idénticas. Mientras que los aspectos de acuerdo suelen ser sobre la comida, el tiempo, las finanzas, el ocio, los deportes, la familia o la política, si nos fijamos se pueden observar actitudes diferentes en todos y cada uno de los detalles. Pero esto no es un problema si ambas personas ven las diferencias, las aceptan y continúan en paz.

203

La libertad, como todos los tesoros espirituales,
debe ofrecerse antes de ser recibida.

Las personas que son amigas de toda la vida o que son pareja inseparable sin duda alguna se ofrecen mutuamente una gran libertad. La recompensa es que se sienten cómodas tal como *son*.

Tranquilo, sin estar en guerra, ésta es la clave para el cambio.

El mundo cree que, si algo tiene que cambiar, se debe hacer algo más. El mundo cree que la paz se produce cuando somos preventivos, que el cambio personal tiene lugar cuando somos proactivos, y que el amor es una cuestión de ganar o perder. Pero el auténtico cambio proviene de liberar lo que creo que debe cambiar. Puede implicar o no una actividad adicional, pero siempre implica una calma interior y escuchar tranquilamente.

205

¿Quiero ser mi ego o quiero ser yo mismo?

Lo que en un principio parece ser una transformación personal es en realidad una aceptación personal. Esto nunca supone el consentimiento del ego sino la aceptación del yo más profundo, que es el yo conectado. De este modo, la aceptación no es un acto limitado o egocéntrico. Es la voluntad de dejar que se disuelvan las viejas fronteras de mi identidad.

Si intento forzar la idea de la unidad, destruyo la unidad.

Los padres que obligan a sus hijos a participar en la conversación durante la cena y las personas que obligan a su pareja a decir «te quiero» cometen el mismo error. Valoran la apariencia de la unidad más que la unidad en sí. De la misma manera que nunca seré más pacífico intentando hacer que mi personalidad *parezca* más pacífica, nunca conseguiré que alguien me ame intentando hacer que se muestre más amoroso.

207

No se puede manipular lo exterior para que refleje lo espiritual.

En el mundo, nunca ha existido un símbolo de la eterna e invariable unidad. Nunca ha habido un momento de paz que empezara y nunca terminara. Si estoy buscando la unidad y la paz, las encontraré en la consistencia de mi propio corazón.

La unidad no diferencia grados
de desigualdad.

La suma de las cosas que poseemos, el estado superior de nuestra salud, los años que hemos vivido o el número de conceptos espirituales que acumulamos, no dan fe a nuestro progreso espiritual, de la misma manera que la pérdida o la escasez añaden respetabilidad al cuerpo que las experimenta. En una actitud de unidad, las versiones de desigualdad no se clasifican. De hecho, no se perciben como algo significativo.

209

Hasta que no me detenga para ver
claramente las trampas de conducta,
continuaré cayendo en ellas.

La mente del ego siempre está por encima de algo. Por lo tanto, el cuerpo hace lo que no es necesario hacer en este momento. Por ejemplo, las personas a menudo inician proyectos y las parejas empiezan a discutir sobre diferentes temas cuando están cansadas y tienen que irse a la cama. Para tener una vida más simple, debo ser más consciente de lo que estoy haciendo con mis pensamientos en este instante. Esta conciencia requiere más práctica de la que previamente me ha interesado admitir. Pero la recompensa es la liberación de mis viejos y cansados patrones y errores.

Para ser consciente de Dios, primero debo ser consciente de lo que encuentro más interesante que Dios.

A mi alrededor hay miles de millones de detalles. Estas percepciones potenciales van acompañadas de una colección de experiencias pasadas que puedo utilizar como puntos de referencia para ofrecer el significado de cualquier detalle. De modo que el día que experimento está creado a partir de lo que elijo ver y de la forma como lo quiero interpretar. Aunque en el fondo de todas las cosas hay una única y divina Verdad y una única y total experiencia absoluta. Debo ser consciente de lo que encuentro más fascinante que Dios. Cada versión del momento presente no dominada por la calma y una actitud amable está desprovista de un auténtico significado y condenada a ser insatisfactoria.

No debo tener miedo a mirar, a ser consciente y a ser honesto conmigo.

Todos hemos tropezado con personas que parecen no ser conscientes de su mal aliento o de su olor corporal. Más importante, quizás alguien a quien conocemos parece inconsciente de uno o dos aspectos de su ego. ¿Es posible que yo sea la excepción, la única persona consciente? Obviamente no. ¿Cómo puede ser, entonces, que una reticencia a buscar los caminos que yo creo destructivos me haga menos destructivo? ¿Cómo puedo corregir un error si antes no lo reconozco? Ser «positivo» es ser íntegro, es ser ingenuo.

¿Qué casa es la que no tiene polvo?
¿Qué mente es la que no tiene basura?

Buscar activa y persistentemente mis errores mentales no hace mi mente *más* negativa, ya que son errores que he cometido antes. Sin embargo, es inútil obsesionarse con la basura. Simplemente tiene que ser identificada y eliminada.

213

Como el mundo es un lugar de guerra, el camino de la paz debe practicarse intencionadamente.

El mundo llama a nuestro ego y, a menos que estemos alerta, responderemos a la llamada diariamente. No se consigue nada sin estudio y práctica. O sea que necesitamos un plan, y el plan se debe seguir a conciencia. Porque una vez conozcamos completamente nuestro ego, lo podremos ver más allá de la parte amable de nosotros mismos. Ahora la paz no se puede perder tan fácilmente, porque sabemos cómo llegar hasta allí. También sabemos cómo hemos bloqueado nuestra percepción de la paz antes, y estamos alerta a cualquier signo que nos haga pensar que se bloqueará de nuevo.

Cuando me siento feliz,
no necesito mirar por encima del hombro.

La razón para examinar la nada es para ver que no hay nada. Lo absurdo debe reconocerse como absurdo, pero, una vez reconocido, se puede olvidar. No volverá para corroernos, pues sus efectos son simplemente los que nosotros mismos creamos. Aquéllos que están bajo la luz no temen la oscuridad.

215

La preocupación no me protege.
La intuición nace de la paz.

Mantener la guardia significa conservar nuestra mente concentrada en nuestro archivo de temores, como si el universo tuviera conciencia y, al comprobar que no recibimos nuestro porcentaje de problemas, se apresurara a equilibrar la balanza. Aunque en cada vida un pequeño rayo de sol se debe apagar. Esto es normal, de manera que no tengo que preocuparme. Como tampoco tengo que dudar de que exista una bendición que sobrepase la buena suerte ocasional y las circunstancias favorables. Que lo que es más grande que nosotros es más grande en todos los aspectos, incluyendo la amabilidad inquebrantable, el compromiso eterno y el amor incondicional.

El amor de Dios es fiable e inalterable.

Los salmos dicen: «Si hago mi estrado en el abismo, he aquí, allí tú estás. Aún allí me guiará tu mano, y me asirá tu diestra». El infierno percibido claramente es el infierno destruido, y nuestra necesidad de temerlo o de recordarlo nunca vuelve. Por lo tanto, estemos en paz. Yo puedo *creer* en un lugar fuera del Todo, pero el miedo no puede aumentar hasta lo ilimitado. Tanto si elijo experimentarlo ahora o después, nunca me desprenderé de los brazos de Dios.

La Casa se encuentra en mi corazón, donde Dios la puso. Así, abriendo mi corazón, se amplía mi casa.

Para la mayoría de adultos, el momento presente parece pequeño, aburrido y limitado. El mundo que hay a su alrededor anuncia futuros sueños y logros pasados. Nada parece importante si no está relacionado con lo que una vez fue y lo que pronto será. Un logro no tiene ningún sentido si no hay nadie que lo recuerde. Un premio no tendría significado si nadie reaccionara en los días posteriores. Pero los niños y los animales de compañía muestran un planteamiento diferente hacia el presente. A los niños no les gustan las largas conversaciones acerca de lo que pasó. Ni tampoco les gusta discutir acerca de eso tan interesante que puede pasar mañana. La mayoría de los niños sienten una conexión con la presencia de alegría divina.

218

El Amor completa lo que el Amor empieza.

Todos podríamos hacer un mejor trabajo intentando levantar la carga de las espaldas de otra persona, aunque sepamos que el amor nos reconcilia. Los amigos y la familia pueden ser agotadores. Normalmente nos hacemos la vida difícil los unos a los otros, mientras que el amor siempre hace la vida más fácil. Aunque a menudo he planteado mis relaciones sin ninguna lógica, voy a tener fe en que el poder que nos reconcilia puede también completar el intercambio. Mi parte no consiste en obtener la libertad en el proceso.

219

Los pensamientos agresivos reducen y endurecen mi mente.

La aversión, el desprecio, la crítica y la condena consumen luz y espacio de mi mente. Liberar los pensamientos de separación hace aflorar mi energía, amplía mi mente y simplifica mi vida. La única pega es que, cuando soy responsable de mis pensamientos, no tengo a nadie a quien echarle la culpa.

El compromiso no excluye la paz, y la paz no excluye el compromiso.

Muchos de nosotros nos encontramos en situaciones que creemos que no deberíamos aceptar y alrededor de gente que creemos que no tendríamos que aguantar. La vida de cada santo, profeta y maestro es una historia de aceptación que resiste y de resistencia que acepta.

La vergüenza puede bloquear la paz, pero no añade nada a mi vida.

La vergüenza es una perspectiva reducida. Siempre hay muchas más cosas que pasan que las que en realidad vemos o imaginamos. De modo que existen peores enfoques que el de confiar que Dios nos coge la mano y camina a nuestro lado. Existen peores enfoques que el de creer que cada uno de nosotros es amado con un amor tan vasto que todos nuestros errores son saneados. Existen peores enfoques que el de caminar por la novedad en un día radiante.

Estar interesado es una decisión, y en lo que amamos encontramos interés.

Mostrarse interesado por las personas es una parte esencial de amarlas. Muestra interés y amarás. Ama y mostrarás interés. Decide que una persona no es interesante y verás como nunca encuentras la manera de amarla.

Si la paz es mi prioridad, debo proteger a mi mente de lo que la envenena.

No importa lo conmovedora que sea la llamada a mi autonomía, a cualquier concepto, docencia, libro, forma o medio que aumente mi sentimiento de separación. Siempre me preocupa por los límites de la habilidad que tienen los demás para cambiar, o aumenta las sospechas de que mi pareja, mis hijos o demás seres queridos no me puedan acercar hacia el tipo de relación que yo deseo. Dios enseña el amor, no la preocupación; certeza, no análisis; unidad, no indiferencia; esperanza, no miedo.

224

La comunicación es una función de empatía y se puede dar con palabras o sin ellas.

Mi ego pregunta: «¿Qué debería decir?». Mi corazón pregunta: «¿Qué debo elegir sentir?». Sea cual sea la comunicación técnica que utilice, si me siento separado de la persona con la que estoy hablando, puedo oír, pero seguro que no podré escuchar. La mente no puede perseguir objetivos opuestos al mismo tiempo. Si me siento crítico conmigo mismo y con la otra persona, la comunicación se debe suspender, aunque sea solamente por un momento, con tal de comunicarme de forma efectiva.

225

Una mente tranquila es tolerante de por sí.

Como las mentes están unidas, sólo una mente atareada puede bloquear la comunicación. La habilidad para ver a otra persona surge de la tolerancia moderada, no de un examen detallado. La tolerancia es hija de la tranquilidad.

226

Hoy no juzgaré a nadie
por su comportamiento.

Las apariencias son un sueño acerca de ti. No son lo que yo puedo ver que eres en realidad cuando miro en tu interior. Tus gritos para que te comprendan y te aprecien no son un gesto en vano excepto si me concentro solamente en tu comportamiento. Hoy te miraré tal como eres en el fondo, no superficialmente, tal como quiero que los demás me miren a mí.

227

La experiencia de la unidad
es silenciosa y tranquila.

La unidad no es algo que se consiga, sino un lugar donde te instalas cómodamente. Hay un único Yo, y las identidades mundanas son una simple ilusión. Si miramos hacia fuera, vemos una realidad fragmentada. Pero si miramos hacia dentro, vemos la unidad de todos los seres vivos.

La unidad es la voluntad de pensar sin miedo.

Si las diferencias entre culturas, razas, sexos, orígenes, etcétera, se consideraran desde el corazón, fácilmente los amigos o los enamorados esperarían que surgiera una alianza, y las alianzas siempre se rompen cuando una nueva alianza parece más interesante. Pero si el corazón de Dios es el corazón de cualquier persona que encuentro, solamente el miedo puede bloquear mi experiencia de igualdad.

229

Cuando estoy a la defensiva, elijo proteger al yo equivocado.

Puedo ponerme a la defensiva y compararme a mí mismo con los demás, o puedo tener una mente generosa y ser feliz, pero no puedo estar a la defensiva y ser feliz al mismo tiempo. Para mantener mi identidad mundana, deben levantarse muros y mantenerse vigilados, pero esto tiene un precio muy alto: nunca más sabré quién soy.

Todas las diferencias desaparecen cuando recurro a mi yo más desarrollado.

No es que de algún modo pueda convencerme para no ver la desigualdad. Esto no sería útil, y las personas que adoptan esta actitud a menudo provocan que la persona con la que están hablando se sienta desconectada. Lo que puedo hacer es no considerar las diferencias que veo en el corazón, no valorarlas más que mi profundo sentimiento de que cada persona es amada y valorada de la misma manera por Dios.

No temas nunca ampliar la definición de quién eres.

A medida que avanza el día, tengo la opción de llevar conmigo un sentimiento de vulnerabilidad física y de insignificancia; puedo pensar en lo que no llego a obtener y a quién puedo culpabilizar; puedo imaginar las cosas que el futuro no logrará proporcionarme; y puedo sentirme culpable y asustado. Pero hay una actitud alternativa. No es renunciar a la descabellada idea de que todo necesita ser controlado. Es creer en una idea más amplia y en un resultado final. Es relajarse y sentirse en paz.

232

Como en nuestra esencia somos la misma persona, comprender a otra persona es principalmente un acto de autoaceptación.

«Intentar con todas las fuerzas comprender» a alguien es el planteamiento equivocado para el objetivo correcto. La comprensión proviene de la calma y de una visión tranquila y constante, cosa que es imposible si creo en una realidad fracturada. Si «mi realidad» es única, comprender la totalidad queda descartado, porque no hay totalidad. Y, sin embargo, si una sola verdad divina entra en lo más profundo de cada persona, comprender a los demás es una cuestión de observar honestamente el interior de mi corazón.

233

La divinidad no nos «examina» ni nos «pone a prueba» antes de bendecirnos.

¿Cómo podría Dios aumentar la presión, ampliar las normas o hacer nuevas demandas si el Amor divino es constante y la paz de Dios es eterna? Sabemos que estamos escuchando la voz de Dios porque ocurre lo contrario. De pronto toda la presión es liberada y nos sentimos amados. Éste también es el don que debo ofrecerles a los que están a mi alrededor.

Hoy no clasificaré las actividades
en las que tome parte.

Casi ninguna actividad es inherentemente interesante. Puedo
aguantar, con mi actitud predeterminada, largas reuniones,
invitados sin invitación, responder las cartas que me llegan
por correo, esperar en una cola y centenares de circunstancias
que he decidido que no me gustan, o bien puedo aceptar la situación en la que me encuentro e intentar encontrar la forma
de disfrutarla. Lo único de lo que me tengo que deshacer es de
mi pretensión.

235

Dios nos ha dado la mente para hacernos felices.

Somos libres de malversar los dones que Dios nos ha dado o,
como mínimo, podemos imaginar que tenemos ese poder. Podemos soñar con un mundo en el que no exista ninguna prueba real de la divinidad, donde todas las cosas se alimenten de
la muerte de alguna otra cosa, y donde todo, incluso las estrellas y sus constelaciones, finalmente se acabe. Pero la sonrisa
de Dios, que no conoce el tiempo, no ha desaparecido simplemente porque nos imaginamos que lo ha hecho. Somos libres
de usar mal nuestra mente, pero también podemos utilizarla
correcta, pacífica y generosamente, lo que nos permite experimentar su origen divino y participar de su auténtico poder.

**La felicidad es fácil.
Consiste en librarse de la infelicidad,
lo que resulta difícil. Estamos dispuestos
a renunciar a todo excepto a nuestro dolor.**

Un centenar de veces al día nuestro amor por la felicidad se ve acortado por nuestro más grande miedo a ella. Un pensamiento feliz va inevitablemente seguido de un pensamiento «realista». Si nos encontramos riéndonos sin parar, cantando en la ducha o silbando lo suficientemente fuerte como para ser oídos, por alguna razón creemos que debemos reanudar un estado «serio» de la mente. Aunque es la felicidad lo que es realmente práctico y serio. Influye positivamente en nuestra salud mental y física, en nuestras relaciones con los amigos y con la familia, en la consecución de nuestro trabajo, por no mencionar nuestra relación con Dios. La felicidad nos conecta con la Realidad; la infelicidad nos desconecta de ella.

Debo saber cómo me he convertido en un infeliz antes de conocer la felicidad constante.

Incluso en una fiesta, que supuestamente está hecha a medida para ser una experiencia aquí-y-ahora, me sorprendo de las veces que mentalmente observo a mi alrededor esperando un momento mejor. Esperando a una persona más apropiada con quien hablar. Esperando el momento de la comida. Esperando una pausa en la discusión. Esperando el momento oportuno para marcharme. Así, obviamente, las expectativas son agotadoras. Igual que lo son las líneas críticas del pensamiento. Y el deseo de controlar. Y sin duda las comparaciones, como mis ingresos actuales, el nivel de energía, el lugar de residencia, la edad, el pelo, la estatura, el conocimiento cultural, el nivel de paz. Existe un universo de errores mentales que tolero de forma pasiva. Y tiene que estudiarse hasta que sea completamente consciente de las consecuencias —buenas o malas— de cada línea del pensamiento.

No permitas que tu cuerpo refleje tus pensamientos agresivos.

La idea de que la negatividad del ego debe expresarse exteriormente («descargada») proviene de mi suposición de que, si «la expulso», ya no estará más «dentro» de mí. Mientras que la verdad es lo contrario. Cuando permito que mis palabras (o mi silencio) expresen mi decisión de ser agresivo, mi negatividad se agudiza y es más absorbente, y de esta forma provoco a la otra persona. Ahora el problema es más complicado y toma vida por sí solo. El control del daño espiritual actúa con amabilidad incluso cuando no me siento así.

239

Una mente controlada nunca hierve.

El primer paso para recuperar la felicidad es, si está hirviendo, poner la tapa en el ego para que no salpique a los demás. Ahora me he responsabilizado del estado de mi mente y puedo concentrarme en lo que solamente yo puedo controlar. Mientras estoy en mi ego, estoy fuera de control. Pero, cuando permito que mis pensamientos vuelvan a la calma, descubro que la tranquilidad que experimento ya está bajo control, porque no hay conflicto en ella.

Mi ego parlotea como un mono, pero sus pensamientos pierden importancia cuando estoy tranquilo.

Mi ego es como los demás egos: es capaz de tener prácticamente cualquier pensamiento extraño. No tengo que hablar «honestamente» acerca de estos pensamientos. De hecho, son tan aleatorios y contradictorios que sería imposible pronunciarlos sin parecer un idiota parloteando, aunque de todos modos lo parezco a menudo. En cambio, si asimilo lentamente todo este parloteo desde la tranquilidad que me ofrece Dios, me convierto en esa otra cosa que no es mi ego.

En cada momento del día, yo decido el rumbo de mi vida.

En la mente del ego existen incontables opciones, aunque desde la amplia perspectiva de la divinidad solamente hay una decisión que tomar. La mayor parte de mi vida he deambulado sin rumbo porque me he negado a admitir que siempre estoy cambiando de dirección. Ha llegado el momento de decidir entre mi mente pacífica y mi mente atareada. No hay otra opción válida.

242

Tener la razón es estar separado.

En Dios —es decir, dentro de la felicidad, el amor y la paz— soy naturalmente yo y estoy naturalmente vinculado a los demás. El esfuerzo que me requiere estar en Dios es liberar mi decisión de tener la razón. Decidir que tengo la razón es un intento de separarme de la honradez de Dios. También es un intento de convertirme en una víctima de la persona a quien he hecho equivocar. Y cuando me siento una víctima, estoy en mi punto más destructivo. Todo esto se puede remediar manteniendo una pequeña charla honesta conmigo mismo.

243

**La mente se puede concentrar en lo
que tiene o en lo que piensa que no tiene,
pero no en las dos cosas a la vez.**

La luz sagrada de Dios está en nuestro interior y a nuestro alrededor. En la tranquilidad, esta luz nos puede llenar completamente y puede irradiar todos los deseos y todos los atributos hasta que nuestro amor no excluya a nadie y nuestra mente no tenga más sueños de necesidades.

244

**El deseo es la raíz del sufrimiento,
porque su núcleo está en la ausencia de Dios.**

Cuando libero mis viejas suposiciones, me libero a mí mismo del deseo. Vivir sin suposiciones es confiar en Dios. Pero entonces no debo hacer nuevas suposiciones porque de lo contrario generaré nuevos deseos. Cuando me haya liberado de todas las suposiciones y todos los deseos, no me quedará nada más que Dios.

245

**Estoy en el cielo o en el infierno,
dependiendo de dónde dirijo mi atención.**

Me encuentro ante el reino de la felicidad, pero no lo percibo porque mi mente está agitada. Debo «estar aquí ahora» antes de que pueda abrirle la puerta Presente. Esto empieza reconociendo en qué actividad participo y dejando claro que, dadas mis opciones, he elegido ésta. Después, debo comprometerme a hacer lo que estoy haciendo y a no seguir adelante con el conflicto. Esta práctica es como mínimo una forma de empezar a tranquilizar mi mente, calmar mi cuerpo y recuperar una actitud pacífica y conectada con Dios.

¿De dónde proviene este pensamiento?

Hoy me formularé dos preguntas: «¿Qué es lo que siento en esta situación?» y «¿Qué es lo que *quiero* sentir?». En un momento determinado, o bien estoy arrojando mi peso emocional a la balanza del miedo y la separación, o bien lo estoy añadiendo a la cantidad de esperanza y de amabilidad del mundo. Esto no se puede ver, por supuesto, pero se puede sentir. Los pensamientos de mi ego son normalmente bastante obvios, pero, si no lo son, puedo preguntarme cuál es el origen del cual *creo* que proviene este pensamiento. La honestidad conmigo mismo me conecta con mi intuición.

Ser inofensivo es proactivo.

Como las mentes están conectadas, «esto no es asunto de nadie más» resulta una valoración imprecisa. El hecho de ser normalmente inofensivo —lo que no significa simplemente hablar de ello— refuerza este impulso en la atmósfera mental de nuestro círculo de amigos, de nuestra familia, del mundo. Incluso aunque esta afirmación fuera verdad en pequeña medida, un pequeño logro es mejor que nada. Aunque a veces haya hecho grandes avances, normalmente camino hacia el sufrimiento dando pequeños pasos.

Ser agresivo, incluso mentalmente, duplica el error original.

A medida que pasa el día, la gente no puede hacer nada más que demostrar. Por ejemplo, cuando compramos en una tienda de comestibles, nos encontramos con personas que demuestran consideración, impaciencia, buen humor, preocupación, prepotencia, paciencia, irritación y demás. Si nuestra mente está tranquila, interpretar la actitud de los demás no resulta más difícil que interpretar la actitud individual de los animales enjaulados. Así que no importa cuánto me gustaría creer que me lo guardo todo para mí, ya que para mí ser crítico le enseña a mi fe el precio de dar opiniones, igual que ser cínico, temeroso, desanimado, etc. Cuestiones de mente. Es imposible tomar parte en un contraataque de nobles pensamientos.

249

Nadie puede ser crítico sin quererlo ser.

Así es mi mente. Si no quiero sentirme así, no lo haré. Al intentar liberar una queja, la pregunta que debo hacer es: «¿Por qué quiero juzgar a mi pareja (a mis hijos, a mis amigos, a ese extraño, a ese político)?». De lo contrario, caeré en la trampa de justificar mis sentimientos analizando y reforzando los argumentos que tengo contra ellos. Siempre tengo la opción de no añadir leña al fuego. Ser una víctima física o una víctima de las circunstancias posiblemente no sea una opción, pero ser una víctima mental siempre lo es.

«El camino más fácil» es ser mentalmente honesto.

Si no me responsabilizo de mi actitud, mi ego simplemente llevará a cabo su agenda preprogramada. Quizá parezca que represente «menos problemas», pero no es así, porque la agenda del ego siempre incluye confusión y resistencia. Hoy seré consciente de lo difícil que resulta estar reñido con todo —sentirse superior, ser celoso, ser una víctima, criticar—, en resumen, lo difícil que resulta ser mentalmente deshonesto.

251

¿Creo que lo que estoy a punto de decir puede entristecer a esta persona? Entonces el impulso de hablar proviene de mi ego.

Puedo cambiar la naturaleza de mi contribución al mundo que veo, pero no puedo evitar contribuir. Reconocer la parte que yo represento en las dificultades de las relaciones no es «asumir la culpa». Sentirse culpable es una forma de retraimiento. Al reconocer que, por pequeña que sea mi parte, contribuyo a cualquier malestar de una relación, avanzo un paso más hacia la unión. Intentar medir mi parte e intentar compararla con la parte que representa la otra persona agrava el error original. Lo único que debo saber es que, si me altero, estoy alimentando la alteración.

No existen límites
en las consecuencias de la felicidad.

¿Quién conoce realmente las consecuencias de un pensamiento feliz? Sin duda, su impacto en mis relaciones inmediatas es palpable. ¿Pero es también posible que rodee el mundo, intentando entrar en un corazón abierto, animando y dando esperanzas de un modo inadvertido? Estoy convencido de que sí. Porque siempre que me siento plenamente feliz, siento el calor y la presencia de los que tienen ideas afines, una familia creciente cuya fuerza recae en su amabilidad y cuyo mensaje está en el trato con los demás.

253

Es imposible sentir nuestra conexión
con los demás y no ser felices.

La felicidad es inclusiva. Es un mito pensar que podemos ser felices «venciendo» a otra persona. Las circunstancias favorables y las victorias individuales pueden provocar euforia, pero no quiere decir que sea paz. Un sentimiento de culpabilidad que no podemos traspasar a los que están con nosotros se filtra a través del casco agrietado de la euforia. El amor es una marea universal que eleva a todos los barcos por igual.

254

Es bueno y justo ser feliz.
Es la única forma de ser amable conmigo.

La psicología de nuestros tiempos acentúa la «potenciación» del ego, protegerlo con «fronteras» y traicionar activamente a los demás mediante la «comunicación honesta». Comete el error crucial de asumir que es posible «ser primero amable conmigo mismo», es decir, empezar a complacer a nuestro yo mientras «temporalmente» ignoramos a los demás. Esto sería posible si no estuviéramos profundamente conectados, tan profundamente que la mayoría de las escrituras sagradas dicen que somos uno. La felicidad es expansiva y cualquier pensamiento persistente según el cual no estamos tratando a alguien como a un igual rebaja su naturaleza e invierte la experiencia.

255

Soy libre de la naturaleza del mundo,
hasta que intento controlarla.

Es posible decir: «¿Es que hoy no saldrá nada bien?», «¿Continuaré siendo feliz?». Éste es el primer paso esencial. Porque no todo saldrá bien. Algo se derramará; alguna persona llegará tarde; algo necesario se perderá, y entonces aparecerá el perro del vecino. ¿Existe realmente alguna esperanza de eliminar para siempre todos los malos olores, los ruidos, los trabajos pesados, los productos caros, los enfados a causa del tráfico y la mala educación en las tiendas? Por no mencionar las enfermedades, la violencia y los desastres naturales. Tenemos pocas posibilidades de ser felices si nos enfrentamos a la naturaleza.

256

**Cuando la mente está tan tranquila
como la divinidad, es tan feliz como la divinidad.**

Tal como dice la canción, «You can't roller skate in a buffalo herd, but you can be happy if you're mind to» («No puedes patinar entre una manada de búfalos, pero puedes ser feliz si tienes ganas de serlo»). La clave está en tener ganas. Aquellos que deciden ser felices no pueden fracasar, porque la divinidad, que nos rodea y nos cuida, es un gran resplandor y una alegría interminable.

257

**La paz descansa en los fundamentos
de la comprensión, y la felicidad está cubierta
por un techo de tolerancia.**

Sin la experiencia de la conexión con la gente, los animales y otros seres vivos de nuestro alrededor, nos quedaríamos con los recursos de un cuerpo frágil y una mente dependiente del cerebro. Mientras este yo separado sufre la pérdida que el tiempo ofrece a todas las cosas, la tragedia de vivir sin amor cada vez es más patente; aunque nuestro miedo a la igualdad no nos deja ver la obviedad. El camino de vuelta a la sensatez se recorre a pasos pequeños, el primero de los cuales es nuestra decisión de ser tolerantes y comprensivos con, como mínimo, otro ser vivo. A partir de este compromiso, las emociones de una antigua paz vuelven a sentirse en el alma.

En cada corazón amable hay un lugar de gloria.

Hay un estado mental que pasa fácilmente por alto las tonterías sin fin que desquician el día. Como una brisa suave, lo refresca todo pero no perturba nada. Es feliz siendo así. Como tiene integridad, puede ofrecerla.

259

**A pesar de los inconvenientes del mundo,
es suficiente con ser bueno.**

Si mantengo el ideal imposible de que un mundo con agendas separadas se puede perfeccionar, mis esfuerzos espirituales se verán frustrados y mis emociones deterioradas en el cinismo. La esperanza de un mundo mejor está fuera de lugar. Pero la esperanza de que yo pueda ser una persona mejor en el mundo es simplemente una cuestión de voluntad.

260

¿Cómo *quiero* responder a lo que está pasando?

Lo contrario a la felicidad interior es el estado de la mente que de forma constante se ve enredada y debilitada por casi todo lo que ocurre. Como no contiene un núcleo de tranquilidad, es vulnerable a la confusión, el miedo y la soledad. Cada día nos ofrece una nueva carrera de obstáculos. ¿Es así como quiero vivir? Si no es así, recuerda estas cuatro palabras mágicas: «No muerdas el anzuelo».

Cuando las preferencias del corazón son escuchadas, no existe el miedo.

El corazón siempre responde por el presente y en el presente. Te guiará por donde vayas y te hablará directamente acerca de lo que estás haciendo. Las preferencias del corazón nunca llenan la mente con anhelos vacíos o con miedos absurdos. Su voz está llena de tranquilidad.

262

No hay nadie que no pueda ser tratado con amabilidad, porque mi forma de tratar a los demás depende de mí, no de ellos.

Si supiera que mañana moriré, ¿cómo desearía que hubiera sido hoy? ¿Habría deseado relajarme un poco y disfrutar de lo que hubiera podido? ¿Habría deseado ser más comprensivo con mis hijos, mi pareja y mis amigos? ¿Habría querido detenerme en la tranquilidad y sentir el aliento de Dios?

263

Hoy no me mostraré indiferente a mi intuición acerca de lo que el otro quiere de mí.

La mente se puede entrenar, aunque en muchos casos mis pensamientos son tan caóticos y vulnerables a los acontecimientos que me paso el día observando a la gente a través de una arremolinada nube de ambigüedad. Esto bloquea mi intuición para percibir cómo es una persona desde su corazón. Observando los intensos y a menudo sobreentendidos impulsos del corazón puedo conectarme y sentirme feliz.

264

La vida se vive durante las pausas, no durante los acontecimientos.

La impaciencia desperdicia felicidad. Sentado tranquilamente en el silencio del amanecer puedo oír los sonidos del despertar de la tierra y ver los cambios de luz y de sombra que mi mente más apresurada dejaría pasar. Una acción sin tranquilidad simplemente añade caos a mi vida.

265

**La alegría de nuestro interior es muy tranquila.
No es físicamente lenta; está simplemente en paz.**

No es nada insólito ver a un padre, a un abuelo o incluso a un profesor sonriendo absolutamente en paz mientras los niños chillan y corren jugando. La felicidad no requiere una imagen de acompañamiento. Requiere conexión.

266

**Prejuzgar una situación bloquea
la posibilidad de estar presente.**

Shakespeare escribió: «No hay nada bueno o malo, el pensamiento es lo que lo hace así». ¡Qué alivio! Porque, según parece, prácticamente no tenemos control sobre los resultados, pero tenemos un completo control sobre nuestros pensamientos. Aunque, a medida que avanza el día, me quedo asombrado de todas las condiciones y actividades que he clasificado como buenas o como malas. Cabello, bien; calvicie, mal. Ser el miembro de la familia que tiene la gripe, mal; ser el que no la tiene, bien. Conducir buscando un aparcamiento, mal; encontrar aparcamiento rápidamente, bien. No me extraña que tenga dificultades para ver a Dios en esta situación.

267

¿Qué sentido quiero darle a este acontecimiento, a estas palabras, a esta persona?

Nuestros pensamientos cubren el mundo. El mundo, sorprendentemente, afecta muy poco a nuestra felicidad, hasta que queda cubierto con nuestros pensamientos y de este modo se establece su significado para nosotros. Hoy distinguiré entre lo que estoy viendo y el significado que le doy.

268

Observar el día con imparcialidad es un acto de amor.

La desaprobación empieza en la mente y se extiende por todas partes. No puede limitarse a los pensamientos acerca de un único acontecimiento o una sola persona. Cuando desapruebo, cubro mi mundo de dolor. Además, tengo la falsa sensación de mantenerme separado de lo que estoy viendo. Y cuando elijo a determinada persona como buena —en el sentido de «superior»—, me encuentro en la primera fase del mismo error sin amor.

Cuando el centro de mis pensamientos
pasa de la separación a la conexión,
mi mundo cambia con él.

Los pensamientos que tienen el origen en el corazón se convierten en los ojos a través de los que yo miro. Incluso inconscientemente, determinan lo que elijo pasar por alto como insignificante. Aunque, en realidad, cuando algo queda desatendido no significa que no me afecte. Éste es el motivo por el cual ser consciente de mis pensamientos es crucial para mantener la paz.

¿Este pensamiento es una fuente
de dolor o una fuente de paz?

Algunas cosas son más difíciles de liberar que otras. El truco está en comprometerse en el proceso. Hago lo mejor que puedo cada vez que me quedo bloqueado por un pensamiento agresivo, y no establezco ningún límite de tiempo en mis esfuerzos futuros. Tardará lo que tenga que tardar, y he decidido no detenerme hasta que no pueda pensar en el acontecimiento o en la persona completamente en paz.

Todos los pensamientos son circulares.

Por mucho que quiero mantenerme separado de mis críticas, permanecen irritantes en mi mente, y cualquier cosa irritante, por pequeña que sea, representa un completo bloqueo para el bienestar interior. Este tipo de infelicidad es errante, agitada y sobre todo arrogante. Como puedo pensar todo lo que quiera, voy a examinar mis motivos de forma que pueda volver a elegir.

272

Dejadme cargar con la culpa. Hay una canción para cantar. Hay una vida por vivir y gente para disfrutar.

La ironía tanto de asignar la culpa a otro como de asumirla yo mismo es que, a quienquiera que haya perjudicado, no tendré que percibir lo que es positivo en la otra persona. Estar seguro del poder de la oscuridad —que es necesario para juzgar— no aumenta mi percepción de la luz.

273

Nada tiene que «salir bien» para que pueda ser feliz. Las personas no tienen que «comportarse» para que las pueda amar. Soy libre.

Cuando libero o «abandono» el mundo, no me quedo con menos, porque hay otro mundo esperando, un equivalente espiritual que responde a este sueño de desastre. Dios ha recreado en clave de belleza todo lo que veo. Abandonar el viejo mundo por el nuevo solamente se puede hacer momento a momento. Y nunca se hace persona a persona. No tener apegos no significa no tener amor. El amor sólo me muestra el nuevo mundo.

274

Lo único que necesito es hacer un esfuerzo.

Tiendo a olvidar lo duro que he trabajado para ser infeliz y lo bien que he aprendido las normas del sufrimiento. ¿Voy a molestarme ahora por el pequeño esfuerzo necesario para *liberar* el sufrimiento?

275

Simplemente vuelve a empezar.

Quiero conocer por adelantado cada detalle de mi trayectoria en el futuro. Al considerar un nuevo trabajo, una nueva amistad, un nuevo programa informático o simplemente un nuevo orden en el menú, creo que se me debe un extracto detallado de los resultados antes de empezar. Como esto es imposible, no empiezo nunca. Esto es especialmente perjudicial cuando cometo un error espiritual y me quedo atascado en lo que va mal en lugar de volver a empezar. Para volver a empezar debo tener la voluntad de aceptarme tal como soy, trabajar con lo que tengo y hacerlo en el presente. Los errores han de corregirse.

276

Descansa a menudo en tranquilidad.

Para tener paz, ofrece paz. Para ser feliz, haz feliz. Para sentirte amado, ama. Esto es muy simple y forma parte de todas las doctrinas geniales del mundo. Pero esto no lo puede comprender una mente que se niega a descansar.

Hay un lugar en mí que ya es la Casa.

Una mente ocupada está dominada por el miedo, e intentar reprimir a mi mente para hacer que se tranquilice es tener miedo de la mente misma, que es un don de Dios. Voy a olvidarme de controlar mi mente y a acordarme de abrir mi corazón, porque un corazón abierto incluye los pensamientos que comparto con Dios.

No tengas miedo de mirar al miedo.

La ansiedad no tiene ningún valor práctico. Es una actitud que nubla la mente y cubre el alma. No me protege de cometer errores. De hecho, perjudica a mi perspectiva, dispersa mi concentración y me hace más propenso al error. No obstante, esto no significa que debamos oponer resistencia a la ansiedad. Debe observarse atentamente y examinarse con calma. «¿Cuál es el pensamiento que hay tras el miedo? ¿Cuál es el pensamiento que hay tras este pensamiento?».

279

Los esfuerzos espirituales siempre parecen falsos e irrelevantes. Hoy superaré esta resistencia y haré algo útil.

El objetivo es convertirme en algo más de lo que soy interiormente, llegar a ser más real. Tanto si yo decido la vida como si ella me decide a mí. Una opción incluye la fuerza, la esperanza basada en la visión y una integridad siempre ampliándose. La alternativa incluye un amplio sentimiento de impotencia y de irrealidad.

280

Lo que quiero es lo que obtengo. Estar en conflicto es querer que se mantenga el caos de siempre.

Mi vida refleja la unidad o la división de mi voluntad. Una voluntad contradictoria significa que estoy en terreno neutral y que me dejaré empujar por las influencias exteriores. Aunque cuando me tomo el tiempo necesario para ver claramente lo que yo quiero y actuar para conseguirlo, dirijo mi vida, es decir, le añado mi yo.

Dejar que el día dicte mi estado
de humor es una decisión.

Las emociones no son mi yo interior. Ni son una fuerza irresistible. Si observo con calma lo que siento, la emoción cambia en unos minutos, si no en segundos. Además, hay diferentes capas de sentimientos a cada instante. Las emociones no describen un único yo. El ego está tan fracturado y es tan volátil como la orientación que ofrece.

282

Escucharé a mi paz, no a mis siempre
cambiantes sentimientos del ego.

Si continúo respondiendo al mundo de la misma forma contradictoria de siempre, continuaré siendo su víctima, y mis sentimientos de derrota y de pena se agudizarán con la edad. Dentro de cien años, los siete mil millones de personas que hay ahora en este planeta estarán muertos. Habrá otras personas que ocuparán su lugar, pero su destino será el mismo. Mi compromiso con el mundo es, por lo tanto, el compromiso a un sueño de rápida y definitiva destrucción. Existe una salida, pero ¿estoy dispuesto a hacer lo que se tiene que hacer? ¿Estoy dispuesto a escuchar y a obedecer a la parte de mi mente que ya está despierta?

283

**Yo solo elijo mirar hacia aquello a lo que
«dedico mi atención», y apartar la mirada
de todo lo demás.**

La habilidad de decidir es simplemente la habilidad de dedicar atención. Lo reconozca o no en este momento, yo compilo la prueba que convierte mi decisión en lógica. El planteamiento más feliz de la vida es descubrir dónde se encuentra la simplicidad y caminar hacia esa dirección.

284

**Nunca ocurre aquello que espero,
aunque cuando elijo responder
al presente, siempre ocurre.**

Si intento decidirme en contra de determinadas circunstancias que ocurren en mi vida, pierdo. Pero cuando con calma y tranquilidad planeo evitar su habitual impacto en mis sentimientos, gano.

285

Hoy voy a alimentar la felicidad.

En principio, nuestros momentos de felicidad son como los diminutos brotes verdes de una nueva planta. Son frágiles y vulnerables a cualquier alteración. A menos que le demos un espacio para crecer, se marchita, y esto ya ha ocurrido muchas veces a lo largo de mi vida. Hoy voy a estar alerta de cualquier semilla de felicidad, y voy a preparar un espacio para que crezca. La limpiaré con mi atención y la alimentaré con mi compromiso.

286

**La decisión de ser feliz no cambia
las circunstancias externas, pero lo parecerá.**

¿Estarías luchando constantemente por cómo deberían salir las cosas o cómo debería ser la gente si supieras que un gran campo de paz rodea esos diminutos espacios de guerra y que todo lo que tienes que hacer para entrar allí es decidir que serás feliz? Si eliges ser feliz conscientemente, abandonas el campo de batalla.

**No hay ninguna necesidad espiritual
de dominar ningún aspecto del mundo.**

A menudo, la manera más fácil de eliminar de nuestra vida lo
que parece un problema crónico es no «afrontarlo directamente», sino buscar alguna alternativa. Como los problemas
nunca vuelven a producirse exactamente de la misma manera,
no es casi nunca verdad que debamos «aprender para saberlo
dominar». Posiblemente a veces resulta más fácil afrontar determinada situación directamente, pero a menudo un enfoque indirecto lo hace todo menos difícil. Por ejemplo, evitar a
ciertas personas, lugares o situaciones no resulta ser siempre
un error. Hoy voy a buscar la manera de vivir de forma más
simple.

288

**Hoy intentaré no ser terco.
No estableceré objetivos que no sean
compartidos con la divinidad.**

Mucha gente mira hacia atrás y se da cuenta de que la adver-
tencia de sus padres, «no te preocupes», fue innecesaria e inútil. Persistir tenazmente «hasta el final» no resulta necesariamente valeroso o acertado. Ser testarudo es tener la mente
cerrada. Debería ser obvio que es mejor caminar libremente
que con los pies atados.

289

La felicidad es flexible.

¿Por qué todo tiene que terminar? ¿Por qué todas las películas «realistas» tienen que verse hasta su depresivo final, cada fiesta presenciada hasta que alguien se va primero, cada argumento seguido hasta el último intercambio amargo, cada punzada de tristeza o depresión analizada sin fin? Lo único que debo hacer es ser amable con los demás y conmigo mismo.

290

Nunca conoceré la paz mientras tolere los pensamientos agresivos.

La mente de mi ego puede fabricar euforia, excitación, orgullo, pasividad, letargo y una especie de satisfacción efímera o «conclusión». Pero yo no puedo crear paz por mí mismo. La paz es de Dios y Dios es amor. Sabré que me tomo en serio la experiencia de la paz de Dios cuando desafíe sistemática e instantáneamente cualquier pensamiento que no incluya el amor, sin importar lo fugaz que pueda ser.

291

Si elijo el presente, en ese instante no puedo elegir el pasado.

A menudo se dice que podemos perdonar pero que no podemos olvidar. Aunque para perdonar de forma que devuelva la integridad a mi mente, no debo continuar recordando. Y no es, indudablemente, un objetivo imposible. Si soy honesto, debo admitir que selecciono del pasado exactamente lo que deseo potenciar.

292

Hoy recordaré el Yo que comparto con los demás y con mi Origen.

Uno de los motivos por los que doy vueltas a lo que me han hecho los demás es que adquiero un sentimiento de superioridad moral comparando mi papel con el papel interpretado por la otra persona. Pero hay que tener en cuenta el precio que debo pagar por este falso sentimiento virtuoso. Primero debo abrazar un sentimiento dañado de mí mismo, después debo asegurarme de sentir y de actuar como una persona que se ha equivocado. Hoy no me serviré de la satisfacción derivada de las comparaciones.

**Cuando mi mente se concentra en
un fracaso, queda imbuida por la tristeza.
Cuando se concentra en la Verdad,
se cura y se desarrolla con fuerza.**

Es preciso que reconozca todas mis debilidades y defectos si
quiero considerar seriamente el hecho de reconducir mis actitudes y reforzar mi motivación. No obstante, éste no es mi propósito si lo único que hago es permanecer tumbado en una reserva
de viejos pecados e incompetencias crónicas. El ego justifica los
pensamientos crueles y el comportamiento destructivo dicién-
dose a sí mismo que *él* es la parte perjudicada. El fracaso puede
ser tanto una razón para atacar como una razón para mejorar.
Solamente una de estas opciones hace de mi vida un factor positivo en el mundo.

294

**Hoy miraré todo lo lejos que he llegado en lugar
de mirar todo lo lejos que todavía he de llegar.**

No es cometiendo un error sino permaneciendo en ese acontecimiento pasado como mi mente queda destrozada. La auto-
censura no es virtuosa, ni humilde ni honesta.

295

Cuando me revuelco en un error, simplemente consigo potenciar ese error en mí.

Uno de los obstáculos más perversos para conseguir la paz y la integridad mental queda eliminado cuando aprendemos a reaccionar ante un error —no importa si es momentáneo o persistente— simplemente reconociéndolo y volviendo a empezar de nuevo. Hoy recordaré que la redención siempre es posible, pero que los errores del pasado solamente pueden solucionarse en el presente.

296

Hay muchas formas de conseguir una mente pacífica.

Las situaciones difíciles se hacen más difíciles si se excluyen los pequeños pasos que pueden ayudar. Hoy neutralizaré mi deseo por lo complicado reconociendo lo que es obvio. No dudaré en mirar directamente a lo que habitualmente me hace enfadar. Sea cual sea la dificultad, hay un camino tras ella, es decir, existe una forma para encontrar la paz. En realidad, existen muchas formas, y veré como mínimo algunas de ellas si dejo a un lado mis restricciones autoimpuestas, me tomo un tiempo para observar lo que está pasando y no soy demasiado crítico con los medios que utilizo para dejar el problema detrás de mí.

Decidir cómo debe ser un acontecimiento no significa que lo tengamos bajo control.

Desde el momento en que se levantan de la cama, muchas personas empiezan de forma inconsciente a practicar el error de decidir con antelación cómo debe ser cada pequeño acontecimiento del día: cuánto debe durar, cómo se debe hacer, qué situaciones se deben desplegar. Y como casi siempre, de forma obstinada, el día se niega a cumplirlo. La puerta más grande a través de la cual la mayoría de molestias e irritaciones atacan mi paz es la expectación. A pesar de que nadie puede predecir exactamente lo que estará haciendo dentro de cinco minutos. Cuando me apoyo en las expectativas de mi ego, abandono de inmediato mi estabilidad mental presente.

298

Puedo correr tras el futuro, pero sólo el presente se puede conseguir.

Una inmensa cantidad de mi frustración es por aquello por lo que posiblemente no puedo hacer nada. Algo que ya ha pasado, o algo que nunca pasará, o algo que pasará de forma general pero por lo que yo no puedo hacer nada. Como siempre es posible ayudarme a mí mismo y a los demás en este preciso instante, cuando perciba que mi mente intenta resolver lo imposible, me detendré y me preguntaré si la búsqueda de lo inalcanzable es más deseable que el potencial del presente.

Rema suavemente por la corriente.

Mientras dirigimos nuestra barca «suavemente por la corriente», dejamos que la orilla venga a nosotros. No ordenamos, ni imploramos ni intentamos «visualizar» la orilla observando alrededor del siguiente recodo del río. Será lo que será. Y así nos relajamos y disfrutamos del viaje. De la misma manera, puedo dejar que el día venga hacia mí y recibir cada acontecimiento que se revela con tolerancia, tranquilidad y, siempre que sea posible, con alegría.

No me quedaré indiferente ante el simbolismo de mi comportamiento.

La paz mental no está necesariamente protegida por un comportamiento que parece pacífico. A veces, hay que conducirla al progreso espiritual para formular una denuncia, unirse a unos piquetes, exigir mejor servicio, practicar un deporte de contacto con el cuerpo o alistarse en el ejército. Pero normalmente éstas no son las situaciones con las que nos encontramos a diario. En la mayoría de encuentros, el comportamiento que simboliza amabilidad fomenta la integridad mental y la conexión más que el comportamiento que parece agresivo, controlador, adverso y egoísta.

La verdad está en el corazón, no en las simples palabras.

Cortesía, cordialidad y educación normalmente se entregan a la paz de mi mente para que resulte menos probable que mis acciones provoquen a los que están a mi alrededor. Las apariencias, por ellas mismas, no tienen fondo, y los modales y el protocolo son meras apariencias. Aunque esto no significa que una aproximación dentro-de-ti sea más sincera o verdadera. Algunas apariencias facilitan una vida simple mejor que otras. Una parte importante de la conciencia es consciente del probable efecto que mis palabras y mis acciones tienen en los demás, así como en mi propia mente.

Para sentirme cómodo con la falta de comprensión de los demás, primero debo reconocer la mía.

Es bien sabido que «comprenderlo todo es perdonarlo todo». No obstante, esto no significa que el planteamiento más efectivo para perdonar sea procurar una comprensión perfecta. Por mucho que la aumente, no llegaré a comprenderlo «todo». Este factor debería motivarme a reconocer una comprensión mayor que la mía, una comprensión tan completa que no tiene necesidad de perdón.

303

El resultado perfecto sólo se puede buscar en el futuro, donde debe permanecer.

Siempre que me encuentre a mí mismo intentando que el futuro sea completo, recordaré que Dios no me pide que me haga meritorio de ello. Si sé cómo prepararme para recibir a Dios, esto ya es perfecto. Abro mi mente a la divinidad reconociendo que en realidad no sé nada con seguridad.

304

Mi ego se concentra en el progreso final. Mi yo profundo se concentra en el actual estado de mi mente.

El miedo es la convicción de que el futuro puede, de alguna forma, duplicar el pasado. Normalmente hay pocas cosas que temer en el momento presente. El terror que tengo a cometer un error está en la convicción de que lo que me pasó en el pasado es más importante que mi presente estado mental. Pero no hay nada más importante que mi presente estado mental.

305

El perdón es mirar con libertad hacia el pasado.

Un sentimiento crítico sobre otra persona se basa en la misma convicción que mi miedo a cometer errores: creo que lo que alguien hizo una vez es más importante que lo que hace esa persona ahora. Mi tarea es la de practicar asimilando completamente a las personas tal como son ahora. Considerarlas como si fuera la primera vez que las veo. Obviamente, no podré cumplir con esto si su pasado domina mi percepción.

306

Simplemente perdona y sé feliz.

Perdona, pero no te preguntes cómo debes actuar. Perdona, pero no intentes convencer a otro para que te perdone. Perdona, pero no te creas superior por ello. Simplemente perdona. Envuélvete con el perdón como si fuera un manto de luz, una barrera espiritual que protege tu felicidad y tu paz, pero que no deja a nadie fuera.

307

La sonrisa une.

La versión del ego acerca de la sonrisa engendra sentimientos de separación. Siempre incomoda a la gente en algún nivel. Pero la auténtica sonrisa es el sonido más precioso de la tierra. Cuando suena en un corazón, resuena en todos los demás. Es como una lluvia de bienestar que cae sobre todas las cosas de la misma manera y lo refresca todo.

308

Mientras el ego se encoge, la alegría se expande.

Una vez, cuando éramos pequeños, aprendimos de alguna forma a no dejar que las cosas fueran tan reales. El mundo bailaba ante nosotros porque lo observábamos con ojos bailarines. Esto todavía es posible, pero, para que ocurra, debo volver a ser niño.

Tengo un pasado, pero sólo yo puedo traerlo al presente.

Una forma segura de sentirse infeliz es continuar protegiendo el pasado que he acumulado tan meticulosamente. Mi cuerpo es un símbolo. Es el pasado visto en este mismo momento. E insisto en que los demás lo tomen en consideración porque yo creo que es mi identidad. Pero un cuerpo también puede reflejar una presencia divina. Una de las razones por las que los niños son tan felices y tienen una energía desbordada es porque tienen muy poco pasado para arrastrar. Esto les permite a sus mentes funcionar tal y como están diseñadas. Básicamente, procesan el presente, que es, en realidad, la morada de Dios.

Ten tanta voluntad para ser feliz como la tiene un niño.

En el reino del mundo, somos los profesores de nuestros hijos, pero en el reino de la divinidad son ellos los que nos enseñan y nos guían. Hoy, cada vez que me acuerde, dejaré a un lado mi pose de adulto y volveré a ser un niño.

**No luzcas tus creencias
espirituales como si fueran joyas.
Consérvalas en secreto dentro de tu corazón.**

Llegamos al mundo sin el estorbo de la «experiencia formativa» y libres de preocupación acerca de las implicaciones de lo que acaba de ocurrir. Nuestra primera experiencia es un don; nuestra segunda experiencia debe ser aprendida, practicada y protegida. Si utilizamos nuestros episodios de luz y nuestra adquisición de unidad para exhibir lo especiales que somos, saboteamos nuestro progreso y tenemos que volver a empezar. El esfuerzo necesario puede y debe ser agradable. Pero solamente un esfuerzo continuado conduce a una paz continuada.

312

**Cuando nuestra mirada está en el presente
y nuestros ojos sonríen, brillamos en el mundo
que vemos y la luz de nuestro corazón nos precede.**

La experiencia de un mundo lleno de luz es posible porque la luz está en nuestro interior. Somos algo más que un cuerpo y, cuando este algo nos parece más interesante que el miedo y el fracaso que permanece en nuestra vida, nos damos cuenta de que la realidad que tenemos dentro también está en las imágenes que contemplamos.

313

Una mente sin miedo cura porque ofrece esperanza. Sin pronunciar o negar ninguna palabra, anima y calma.

La curación es una consecuencia natural del hecho de que todas las mentes están unidas. Esto es porque nunca me resulta necesario «evitar que alguien cometa un error», «mostrarle la luz» o enseñarle cómo se debe comportar. Cuando practico la paz, la misma paz permanece en todos los corazones. Cuando refuerzo mi fe, se refuerza la fe que los demás tienen en lo que es suyo, y ellos, a su vez, refuerzan la mía.

314

Si sé cómo hacer enfadar a una persona, también sé hacerla feliz.

Hoy voy a confiar en mi sentimiento de felicidad, en lo que me hace sentir feliz y en lo que no. Permitiré que este sentimiento se extienda a mi dieta, mi apariencia, mis relaciones, mi cuerpo y mis actividades. Dejaré que se extienda por mis gastos y mis ahorros, mi salud y mi hábitat. Y tanto como pueda, también dejaré que se extienda por todas las personas que hay a mi alrededor.

315

Sé resolutivo.

Sé decidido. Sé determinado. Conoce cómo eres y qué es lo que quieres. Sé consciente. Sé sensible. Formula tu propósito en palabras. Grábalas en tu corazón. Repítelas en tu mente. Y lentamente vívelas mientras el día se va desplegando.

316

La respuesta es escuchada y asumida tranquilamente.

Deja que las raíces de tu conocimiento se profundicen y se amplíen. Riégalas con tu paciencia y tu claro objetivo. ¿Qué problema hay en admitir que todavía no has llegado? Deja que el mundo despotrique contra quien es justo, y después, respetuosamente, vuelve tu corazón hacia la respuesta tranquila.

317

Para conocer la verdad, practica la verdad.

Simplemente practica el conocimiento y conocerás. Practica la confianza y tendrás motivos para confiar. Practica tu corazón y serás feliz. Practica tu yo y conocerás a un yo que lo percibe todo en paz.

Mi ansiedad siempre indica
un objetivo contradictorio.

Cuando mi corazón tiene sólo una voz, soy libre. Mientras trabajo para conocerme a mí mismo y convertirme en una cosa, dejo de temer a mi voluntad porque dejo de dudar de mi bondad. De este modo veo por qué la bondad no me afecta sólo a mí.

319

Hoy no veré a nadie que no sea yo.

Estoy alerta para percibir cualquier pequeño error que comete mi familia, mis amigos y cualquier persona que recuerdo. Aunque si quiero ver la perfección en los demás, antes debo reconocer mis propias imperfecciones. Está claro que nunca conoceré la unidad hasta que experimente la igualdad con los que me rodean. Afrontémoslo, estamos todos bastante fastidiados, y es una gran tontería valorar una forma de insensatez sobre otra. No hay nada que justifique el hecho de creer que yo sé más o que voy más avanzado que otra persona, porque la desigualdad es espiritualmente imposible.

Busco tu paz.

Si soy infeliz, puedo recuperar mi felicidad diciendo en silencio a quienquiera que esté ante mí: «Busco tu paz. ¿Qué es lo que no te he ofrecido? ¿Qué es lo que puedo ofrecerte ahora?». Pero si soy feliz y quiero ser infeliz, puedo pensar: «Yo busco mi propio placer. ¿Qué es lo que no me has ofrecido? ¿Qué es lo que necesito ahora de ti?».

321

La felicidad es tu trabajo.

A medida que se acerca el día laborable, obsérvalo con amabilidad y sin ningún recelo. Coge cada tarea tal como viene y no escudriñes en la siguiente tarea. Realiza esta tarea de forma impecable, pero no esperes ningún reconocimiento. De hecho, no esperes nada del trabajo ni de nadie en tu lugar de trabajo. Planteado de este modo, el trabajo puede hacerte feliz, porque la felicidad está bajo nuestro control.

322

Quédate tranquilo, cualquier forma de temor desaparecerá.

No importa la forma o el grado, si el miedo está en el corazón, bloquea la experiencia de la paz. Ansiedad, terror, depresión, preocupación y las demás formas de temor son regalos de mi ego que no tienen el poder de «arrebatar» mi atención. No surgen de la razón o de la verdad. Soy libre de observar tranquilamente cualquier tipo de temor y, si simplemente lo observo, la tranquilidad interior guiará mis acciones. Pero en el momento en que asumo que cualquier sentimiento solitario fugaz es «tal como me siento», pierdo el control de mi mente.

323

El destino solamente se puede ver en paz.

Nuestro camino a lo largo de la vida es visto de forma retrospectiva. Existe una percepción según la cual todo tiene sentido, pero no con anterioridad a los pasos realizados. Si nuestro viaje está guiado por el presente en lugar de estarlo por una mezcla de temores acerca del futuro, empezamos a discernir una preciosa estela que fluye tras nuestras acciones, incluyendo nuestros errores. Hay belleza y justicia a lo largo de nuestra vida, pero las preocupaciones no nos la dejan ver.

Solamente las decisiones tomadas en paz se pueden llevar a cabo en paz.

No existe un pensamiento correcto acerca de una cuestión o dificultad, aunque el ego intenta sin cesar encontrar alguno. Al final, esta agitación mental es más angustiosa que el problema que afrontamos. Hay incontables formas correctas de actuar, pero solamente una buena motivación. Cada vez que actúo en paz, aseguro la paz de la mente en el resultado.

325

Todo lo que es justo, todo lo que es sensato, permanece en Dios.

No es posible pensar correctamente acerca de lo que Dios no es. No obstante, es posible permitir que Dios lo piense. Cuando ocurra un incidente sobrecogedor, rechaza el lanzarte a encontrar la mejor o la «más alta» posición. En lugar de eso, vuélvete hacia Dios y di: «Muéstrame cómo observas esto», y Dios te ofrecerá una experiencia más que una opinión.

326

La ira nunca está justificada.

El simple reconocimiento de que Dios no juzga a la persona que yo estoy juzgando empieza a reducir mi certeza de que mi ira es justificada.

327

El perdón nunca es deshonesto.

El perdón no es un ejercicio fútil de autoengaño prometedor. No es nunca una reinterpretación positiva de los acontecimientos que he colocado en la cima de la interpretación negativa en la que creo. Es simplemente el regalo que me hago a mí mismo y que me permite volver al presente y ser tal como Dios me creó.

328

**No existe ira en nuestra esencia,
que está unida a Dios.**

Como la ira nunca se da a un nivel profundo, se puede renunciar a ella sin hipocresía. Ver lo que realmente quiero limpia mi mente de pasiones superficiales e incluso de rencores crónicos.

329

**¿Quiero la identidad formada
por mi pasado o la creada por Dios?**

Muchos de nosotros tenemos razón al enfadarnos y sentirnos heridos por las cosas que nos han ocurrido. Pero al final nos preguntamos —a pesar de la justificación— si deseamos seguir siendo la imagen del daño que creemos que otra persona nos ha causado. La parte de nosotros que está unida a Dios no se ve influida por la historia humana, pero cuando la mente da vueltas al pasado, esta parte de nosotros se vuelve inaccesible.

330

Las bendiciones no son nunca comparativas.

La lección según la cual toda crítica ataca a quien está criticando es difícil de aprender. Parece reducir la forma en la que los humanos mantienen su sentimiento de autovalor, sentimiento en el que una persona se considera más valorada cuando ve que otra persona se considera menos valorada. A esto se le llama tener éxito o ganar, aunque derrota el alma. Las únicas verdaderas bendiciones que podemos recibir nos las han ofrecido a todos. De lo contrario, las mantenemos solamente un momento, incluso cuando vemos que se nos escapan de las manos.

331

El objetivo de la felicidad y los medios que utiliza la felicidad deben ser congruentes.

Es *posible* ser «abierto y honesto» con las personas sin atacarlas, pero pocas veces esto es practicado honesta y abiertamente. Si «honrar a nuestros sentimientos» es el objetivo, también es posible golpear almohadas, gritar al viento, salir a pasear, meditar, describir nuestras sensaciones con todo detalle o liberar nuestras tensiones del cuerpo de una forma inofensiva. Es curioso que pensemos que para ser sinceros con nosotros mismos debemos perjudicar a otra persona. El dolor, incluido el nuestro, nunca fomenta la paz.

332

**Cuanto más critico, más me parezco
a la persona a quien estoy criticando.**

La regla para recuperar la paz de la mente es: «No permitas que
la crítica salga de tu mente. No la proyectes ni la representes.
Elimina su origen y rápidamente repara el daño que ha causado
en tu mente». Aunque el origen de la crítica es el deseo de criticar, la regla no supone ningún sacrificio real. De lo contrario,
cuanto más me obsesione por la debilidad de otra persona, más
débil seré yo.

333

**Cuando una línea de pensamiento
crítica finaliza, el daño que le ha causado
a la mente finaliza con ella.**

El mundo quizá no sea justo, pero el Amor lo es. Todas las cosas hechas con Amor van acompañadas de una mente íntegra
y reconciliada.

334

Observando atentamente nuestra ira, lo que vemos a través de ella según nuestro corazón es la utilización de la fuerza correctora más poderosa de nuestra mente.

En un mundo de pronósticos y propósitos basados en el pasado, la visión es omnipotente. La primera visión proporciona corrección. Después proporciona la Realidad que se encuentra más allá de la corrección. Si en algún momento no es obvio lo que debería hacer espiritualmente, siempre puedo aumentar la tranquilidad, porque ésta no puede pronosticar y, como es una actividad de miras presentes, nunca interpretará el pasado.

335

El reino del cielo está en nuestro interior.

Decir que existe un Plan, que todo encaja, que todo cobra significado, es un absurdo cuando no estrafalario concepto a la luz de la crueldad y la injusticia del mundo. Y los horrores de la «Madre Naturaleza» no son menos numerosos o extremos que los horrores de la humanidad. Aunque ahora, de nuevo, las nubes de la percepción se apartan, y por un momento sabemos que todo va bien, que somos observados por Uno que nos conoce y nos ama y que, de una forma que no tiene ningún sentido para los ojos del cuerpo y los ojos del cerebro, todo lo que pasa es anticipado y bendecido.

336

**La creación de Dios es una.
Nada puede dividirla.**

Caminamos juntos, como lo hacen los que han dejado de lado la lucha y han puesto sus ojos en el amor. Éste es «el otro camino» para pasar por el mundo. No necesita conceptos profundos, ni vocabulario excluyente, ni convicciones correctas, solamente la suficiente esperanza en la posibilidad de que el amor y la paz sigan en nuestra familia, en las calles, en las tiendas, en el trabajo.

337

**Guarda un lugar en ti donde la paz
sea bienvenida; vendrá y te ayudará.**

Si el trabajo de Dios es incompleto, más lo debe ser el trabajo de los hijos de Dios. Puedo negarlo o puedo aceptarlo. Pero si lo niego, el único poder que me queda es el de engañarme a mí mismo, porque la unidad de la Verdad no puede deshacerse. La eternidad es pura bendición, inalterabilidad e integridad; mi único trabajo es simplemente aceptar el don.

338

Liberarse es simplemente descansar del sacrificio.

El significado original del verbo «perdonar» es «liberar, devolver, dejar de guardar». Visto así, el perdón es una actividad de descanso. Se requiere mucho más esfuerzo para agarrarse a una crítica que para liberarla. Aquello a lo que renunciamos no es valioso, y lo que en un principio puede parecer un sacrificio enseguida es experimentado como un regalo.

339

Los que no perdonan todavía no han empezado a vivir.

La única forma de convencernos de los beneficios del perdón es empezando a perdonar. Enseñar o aprender el perdón sin practicarlo es como enseñar o aprender a respirar sin coger aire. La vida cambia tan bruscamente cuando el perdón se convierte en algo habitual que la vida anterior de una persona se considera vacía y sin sentido.

340

Intentando convencer a alguien de la verdad de la Unidad, sólo demuestro mi creencia dividida.

La necesidad más desatendida en esta época de opiniones rígidas y chocantes es la necesidad de la experiencia directa. Cuando experimentamos un hecho espiritual, dejamos de discutir sobre él o de intentar convencer a los demás de que tenemos razón. Mientras sentimos la necesidad de influir en la opinión de otra persona acerca de la Verdad, permanece en nosotros como un concepto, algo que quizás aceptamos intelectualmente, pero nada que llene nuestras percepciones con luz y nuestro corazón con igualdad.

341

¿Dónde termina y empieza la luz de Dios?

La luz divina no viaja hasta muy lejos y luego se detiene. Nosotros fuimos creados por la Luz, en la Luz y de la Luz. Podemos creer en la oscuridad, anticipar la oscuridad y estar preocupados por los pensamientos del pasado y las percepciones presentes de la oscuridad, pero no podemos cambiar nuestra naturaleza básica. No podemos recrear lo que la divinidad ya ha creado. Cuando nos sentimos felices y conectados, empezamos a experimentarnos a nosotros mismos tal como somos.

El cielo en la tierra depende de mí.

Es preciso tomar una decisión, y debe ser ahora. Es simplemente ésta: «Empezaré». ¿Y qué es lo que debo empezar? Debemos intentar ser amables ahora, no parecerlo, sino serlo. Debemos hacer un esfuerzo, no, debemos luchar para ser felices ahora y no querer conseguir primero lo que «necesitamos» para ser felices. No podemos añadir los conceptos de amabilidad y de felicidad a nuestra vida. Estos conceptos deben ser nuestra vida.

343

Siempre consigo lo que quiero, pero lo quiero sin conflictos.

Es imposible querer algo para mí solo y no entrar en conflicto, porque aquellos con quien estoy conectado han quedado fuera. Si estoy en conflicto, me cuesta un esfuerzo grandioso hacer las cosas de forma natural. Aunque he observado que, cuando decido hacer un esfuerzo y me comprometo completamente, todo resulta sorprendentemente fácil.

344

La irritación y la impaciencia muestran una actitud con poco amor que requiere una inmediata corrección.

Mi objetivo de ser feliz, amable y estar en paz no tendrá presente un segundo objetivo. No puedo esperar ofrecerle paz a mi vida y también tener tiempo para estar irritado. La irritación no aumenta mis oportunidades de felicidad.

345

La paz, y no la perfección, es mi objetivo.

Naturalmente, todos cometemos errores. De hecho, lo único que hacemos es cometer errores. Si dejáramos de cometerlos, ascenderíamos. De este modo, ser perfecto no es un objetivo demasiado razonable, pero perder mi miedo a los errores sí. La respuesta correcta ante un error es observarlo, reconocer que lo he cometido, preguntarme qué es lo que puedo hacer diferente la próxima vez y luego volver a empezar y llegar a la paz.

346

**El reconocimiento honesto y específico
de mi propia falibilidad permite que la conexión
con los demás se produzca más fácilmente.**

Si creo que soy más espiritual, más listo o superior a otras personas, cualquier error que yo cometa será una caída. Pero los «juicios» son una oportunidad para elegir mejor esta vez. Y los errores indican las realidades de mi estado de progreso presente y, por lo tanto, son una invitación para dar otro paso en una dirección específica. Mis luchas se suavizan cuando me doy cuenta de que luchamos todos juntos.

347

**Dios nos llama para considerar nuestra libertad,
no nuestra culpa.**

No pierdas ni un instante dándole vueltas a un error. Al hacerlo, liberas veneno en tu psique. Simplemente elige un camino diferente al erróneo. Y mientras caminas, con la cabeza bien alta, intenta ver la sonrisa de bienvenida hacia la que te diriges.

**Nunca pienses en un error que hayas cometido
sin recordar la amable presencia del Uno que
estaba allí en ese momento y que no te juzgó.**

Imaginarse la divinidad en el pasado está más cerca de la Verdad que imaginarse un escenario desprovisto de Luz. Yo no puedo cambiar el pasado, pero puedo transformarlo. Dios estaba allí cuando ocurrió, abrazándome a mí y a todo el mundo. Añadiendo esta Verdad al recuerdo, puedo curar el origen del dolor.

349

**La conciencia, no la culpabilidad,
es la respuesta que cura las pautas de dolor.**

Vistas propiamente, las pautas de comportamiento son artefactos en el museo de la vida. Son pequeños trozos de nuestra historia que invitan a la exploración. Pregúntate a ti mismo: «¿Cómo funciona esta pauta? ¿Qué es lo que ataca habitualmente? ¿Cómo se va? ¿Cómo viene? Y ¿por qué se queda?». Esto no es obsesionarse con un error, sino desenredarlo para quitarle fuerza.

350

**Si mi objetivo es la paz, entonces conocer
las necesidades de mi ego deben
servir a este propósito.**

Las necesidades de nuestro ego deben ser afrontadas o gestionadas de alguna manera o, de lo contrario, crecerán y serán cada vez más urgentes. Pero hay una diferencia entre la necesidad actual y nuestra forma habitual de afrontarla. Hoy no voy a correr desde los primeros signos que demuestren que se presenta una necesidad. Me detendré y la examinaré con calma. Después abriré mi mente completamente y buscaré caminos alternativos para afrontarla.

351

**Busca tu voluntad y la encontrarás.
Espera tu fuerza, y tu voluntad la construirá.**

Es posible que sea consciente de un error en el momento en el que lo cometo, intento con poco entusiasmo analizarme a mí mismo y después «voluntariosamente» continúo con el error. No importa espiritualmente si, tan pronto como veo que tengo suficiente fuerza, empiezo de nuevo de manera modesta. Con el tiempo aprenderé a no consentir deseos destructivos de ninguna forma. Pero hasta que no llegue a este punto, la respuesta apropiada a un error es preguntarme: «¿Cómo debo empezar a corregirlo?».

352

El progreso se mide por el número de veces que intentamos algo, no por el número de veces que fracasamos.

Volver a empezar tiene un efecto acumulativo porque le mostramos a nuestra mente que nuestro amor por la bondad es mayor que nuestro amor por el sufrimiento. No es necesario tener primero fe en nosotros mismos. Cuando piensas en ello, resulta un objetivo imposible querer hacer algo que nunca hemos intentado. Pero el intentarlo exige una reserva más profunda, donde la fe se sustituye por la seguridad.

353

La organización y la planificación son más espirituales que la despreocupación y el caos.

Existe una tendencia a pensar que las creencias espirituales deberían obedecerse de formas poco habituales. Por ejemplo, como signo de fe, gastar el dinero que no tengo. O actuar como si fuéramos «indiferentes a las apariencias». Pero vivir en contra de las normas no demuestra nada. El mundo tiende a ser menos preocupante si nos adaptamos a él más que si nos quedamos a un lado. Si es necesario coger una actitud moral fuerte, por supuesto, la cogemos. Pero, en general, los que trabajan se visten, interactúan con los miembros de la familia y mantienen conversaciones de forma natural, invitan a menos problemas porque es menos probable que agiten la actitud de los demás.

354

Dios cuida de mí, de todo el mundo, de todas las cosas. Hacer todas las cosas con cuidado es hacer todas las cosas con Dios.

Las cualidades interiores que cada día dedicamos a nuestras actividades, y no la forma que toman, determinan el grado de conexión y de paz que experimentamos. Una profesión no es menos espiritual que otra, ni una familia menos santa que otra, ni un amigo o compañero menos hijo de Dios.

355

Cuando enfoco una tarea con indiferencia, abandono a Dios y abandono a la persona que soy.

Esperar una mayor felicidad en la próxima actividad que realizaré cuando acabe la que estoy haciendo ahora es no darse cuenta de dónde está la divinidad. Cuando realizo la actividad en la que estoy ocupado impecable, afable y pacíficamente, la efectúo en compañía de los ángeles.

356

**Haz todas las cosas como si fueran
para tus seres queridos.**

Cuando se siente el amor de Dios, todos los problemas de motivación desaparecen. Y, aun así, cuando no siento la conexión divina, puedo vivir mi vida como si la conexión todavía fuera vigente, porque en la Verdad lo es. Ningún bloqueo a la paz puede resistir mucho tiempo ante un corazón abierto y una mente voluntariosa. Hoy dedicaré cada comida, cada tarea y cada actividad a Dios.

357

En el Amor, nada se pierde y nadie está lejos.

¿Qué es Dios sino un hogar lleno de bienvenida? ¿Qué es Dios sino una vida libre de miedo? ¿Qué es Dios sino una presencia que conforta y nos hace sentir seguros? ¿Qué es Dios sino la respuesta a cada pregunta que formulamos?

El pasado es Dios conmigo. El presente es Dios conmigo. El futuro es Dios conmigo. Siempre es el mismo momento.

En Dios no existe el tiempo porque nada está fuera del alcance y ningún cambio es necesario. El tiempo es un calabozo que hemos construido nosotros mismos. Si el tiempo fuera una realidad igual a Dios, no podríamos decir que el tiempo vuela, aunque también pasa lentamente; que se puede guardar y también perder, que puede estar en nuestras manos, aunque también fuera de ellas; y que podemos poseerlo mientras seguimos anhelando un tiempo muerto o un tiempo libre. Ni una sola vez el tiempo acuna al niño de la paz en sus brazos y sonríe a los ojos inocentes del presente bendito.

359

En el mundo, los sonidos más llenos de amor bajan de tono ante la canción de Dios.

El mundo canta porque hacemos de él una canción. Baila porque cogemos su mano y lo hacemos bailar. Nos dieron el dominio de la tierra cuando nos dieron el de nuestro corazón.

360

Camina con tranquilidad.

Lo que hace el ego, la mente lo puede deshacer. Solamente requiere el propósito de ser inofensivo. Una mente inofensiva se extiende en todas direcciones y a lo largo del tiempo. Los que caminan con tranquilidad lo hacen sobre tierra sagrada.

361

Lo único que se necesita es un gran esfuerzo de fe.

Libremente ofrezco mi fe a los rumores, a las noticias y al último suplemento alimenticio. ¿Por qué no ofrecerla a aquello que profeso creer? ¿Por qué no pensar, actuar y sentir como si tuviera un Amigo, y este Amigo estuviera aquí, pudiera confiar en él respecto a mi vida, mis relaciones y mi redención?

362

No tengas miedo de mirar fijamente a los ojos de Dios llenos de amor y saber que eres querido.

Resulta soberbio pensar que Dios tiene mascotas y que tú eres la elegida como antipática. Con auténtica humildad, mira en el tranquilo espejo de la paz y observa tu semejanza.

¿Qué se puede sentir más que un poco de paz?
¿Qué se puede ver más que la cara de Dios?
¿Dónde se puede ir más que a los
brazos del Amor?

Querido Dios, no conozco el camino hacia ti, pero tú conoces el camino hacia mí. Por lo tanto, dimito como mi propio guía. No se pierde nada por esperar si espero hasta conocer tu voluntad. No dejes que me identifique con ningún pensamiento hasta que conozca tus pensamientos. No me dejes decidir dónde estoy hasta que vea tu gracia envolvente. No me dejes decir quién soy hasta que conozca el Yo que tú llamas propio.

Quizá puedo ofrecer los dones
de Dios con alegría.

Querido hijo de Dios, recuerda esta verdad: eres una corriente que ha empezado a fluir en un viejo y seco cauce. Eres portador de lluvia en la tierra reseca y muerta. Eres el aire que renueva, pero que se detiene para que no le den las gracias. A partir de ahora puedes ofrecer un vaso de agua fría a las personas que conozcas o en las que pienses, a las que todavía tienen que llegar y a las que ya han estado aquí y se han ido. No hay límites en lo que puedes ofrecer.

Estoy en Dios. Estoy en el Amor.

Al ser querido por Dios, puedes ofrecer luz para iluminar las frías sombras del miedo. Puedes ofrecer, pero no manipular ni forzar. Simplemente te mantienes dentro de la Presencia y sientes que la gratitud de Dios entra a través de ti en todos aquellos que reciben los dones, y la bendición de Dios en todos aquellos que todavía no están preparados para recibirlos. Decide permanecer tan constante en tu ofrecimiento como en tu Origen y pronto te despertarás en los brazos llenos de amor del Uno a quien nunca has abandonado.